フランスから
お遍路にきました。

COMME UNE FEUILLE DE THÉ À SHIKOKU : Sur les chemins sacrés du Japon
de Marie-Édith LAVAL
Préface de Bernard OLLIVIER

序文

ベルナール・オリヴィエ
（ジャーナリスト・作家）

日本への長旅から帰国したマリー＝エディット・ラヴァルは、それが「頭を心に降ろす」旅だった、という素晴らしい総括を行なった。この本の最後のページをめくりながら、誰もがそのことに納得するだろう。

サンティアゴ・デ・コンポステーラの巡礼で、ル・ピュイ＝アン＝ヴレからサンティアゴまでの1600キロメートルを踏破したあと［訳註：スペインはガリシア州サンティアゴ・デ・コンポステーラはイエス・キリストの12使徒のひとり聖ヤコブの墓があるキリスト教の聖地で、そこへの巡礼路の一部が世界遺産にも登録されている。ル・ピュイ＝アン＝ヴレは、フランス、オート＝ロワール県の県庁所在地。巡礼路のひとつ、ポディエンシス街道の出発点］、彼女は、両側を土手に挟まれた緑陰の山道や、日の出の情景、インドア派には決して知ることのない、歩き続けたあとの甘美な疲労感といったものを、より一層貪欲に求める人間になって帰ってきた。だから、彼女は再び遠くへ旅立った。もうひとつの巡礼の旅へ、別の世界、他の地平線、新たな出会いのために。50日もの間、地球の裏側の、普段とはまったく異なる環境に身を置いたのだ。未知の世界を前にした不安もあったことだろう。しかし「自分探し」は勇気を必要とする。思い切って旅立たなくてはならないし、日常の暮らしから自分を引きはがし、計画をすべてコント

ロールし、「他所《よそ》」と孤独に敢然と立ち向かわなくてはならない。「自己」とは、恐怖心を制御し、習慣を覆したところにこそ、作られるのだ。

四国の八十八の寺院を巡る旅の初日、マリー＝エディットはアパルトマンの鍵をなくした。なんと見事な失錯行為だろう！［訳註：フロイトの深層心理学用語。失敗の多くには無意識のうちに本音が表れているとし、その失敗行為をそう呼んだ。〈Fehlleistung〉。錯誤行為］　それはちょうど船の係留ロープを自分で切るような出来事だった。そして最終日、二本の脚で１２００キロメートルを歩き切ったとき、彼女はよろこびとともに、もうひとつの人生の扉を大きく開ける「魂の鍵穴」と、「その鍵」を見つけることになった。

持っていた鍵をなくす、あるいは捨てる。長い道を歩くとは、まさしくそういうことである。同じ場所に閉じこもった日常の世界を消し去り、もう一度生まれ、強大な力であなたを丸ごと飲み込む「今」に潜ることなのだ。彼女は何度も言い、繰り返す――わたしは「今、ここ」にいるし、いたいのだ、と。ときにはひどく疲れ果てながら、毎日、雲がかった高地にある、その日の最後の寺に到達しなくてはならない。空へと向かう上り坂、その繰り返し。

サンティアゴ・デ・コンポステーラを目指して突進する人々とは対照的に、四国の巡礼路を歩いている人はさほど多くない。しかし、そのせいか、そこでの出会いは密度が濃い。コンポステーラの巡礼路《カミーノ》での宿泊は、窮屈で必ずしも快適とはいかないが、四国では洗練されたもてなしと、繊細な心くばり、さらに笑い声までもちりばめられている。さまざまな出会いを通して、人

として「存在すること」の、また別の形が見えてくる。
道の途中で彼女は、アニミズム信奉者のTさんと出会うのだが、その女性はすべてを——植物を、岩壁を、山を、川を、あらゆる動物を——あがめている。とても西洋人的なマリー＝エディットは、そこにある、世界を包み込む暗黙の秩序に感嘆し、生物と無生物を包み込むアニミズム信仰に心魅かれていく。行く手をヘビが横切ろうと構わない。彼女はすべてを愛し、そのなかで、自分も「激しく生きている」と感じるのだ。

マリー＝エディットが特別な「歩く人《ウォーカー》」だとは思わないでほしい。誰もがみなそうであるように、歩きはじめの数日は彼女も苦しい思いをした。座骨神経痛と時差と猛烈な雷雨に苦しみ、道を猛々しく飛ばしていくトラックに轢《ひ》き殺されないように注意し、空気のよどむ工業地帯を息を止めて歩いた。

苦あれば楽あり——それが彼女の心を支えていたモットーだ。彼女はわが道を行く。そしてその道は円環状になっている。というのも、八十八の寺を巡ったあと、再び最初の寺に戻るからである。そして彼女は、無限、完全、絶対、崇高を象徴する円について考える——〈人は、ときに、円を描いて回ることによって、最も前に進むのではないだろうか？〉と。教会や修道院の回廊を最初に設計した人々も、同じことを思ったに違いない。

進むべき道を教える標識が心を支える四国の巡礼路は、まさに通過儀礼的な道程であり、八十八の寺院によってリズムが刻まれた、完全へと向かう階段のようなものだ。最初の二十三のお寺

は、仏教の道に心を起こして敬意を表し、悟りを求めて修行を決意する、目覚めへ至るための区分である〈発心の道場〉。その次の十六の寺院がある県では苦行を成し遂げ（〈修行の道場〉）、悟りを受けるためには続く二十六の霊場の敷居を謙虚にまたがねばならない（〈菩提の道場〉）。そして、最後の二十三の寺々の段階で、ようやく涅槃へと達する（〈涅槃の道場〉）。しかしこの女性冒険家にとっての「ニルヴァーナ（涅槃）」は、彼女が見つけた自身の鍵であるばかりでなく、一日一日、一歩一歩、最後の地点まで拾い集めた幸福でもあるのだ（そしてそれが、また始まりの地点となる）。

マリー＝エディットは、ひとりで歩く行為にある、あらゆる魔法を見つけ、記した。彼女の物語のなかで、おそらく最もわたしの心を打つのはそこである。その理由は、快適な暮らしに依存し、安全病に取りつかれた者のなかに、彼女のようにたった独りで遠い四国の巡礼に旅立つような勇気のある人がほとんどいない、ということだけではなく、歩くことが、単に脚と呼吸器だけの問題に収まらない「心の奥」の問題だからだ。

さらには、彼女の幸福が伝染することも、この物語をさらに感動的なものにしている。彼女は、〈命と踊った〉と言い、心を打ち明け、疲労に屈することや、激しく感情が揺さぶられる様子をためらうことなく語る。歩く者たちはキロメートルで測るが、マリー＝エディットは感動、発見、驚き、うれしさで測る。その行為に、話の端々で胸打たれるのだ。

このあふれるよろこびは、フランスに帰国したのちにいったいどれだけの間、このいわゆる

「現代的《モダン》」な生活の波のなかで持ちこたえることができるだろう？　おそらく、かなりの長きにわたって。ことによると、ずっと。なぜならば、彼女はお寺ごとの浄福を発見しただけではなく、そこに到達するための「道」を見出したのだ。そしてこう言う――〈パラダイス。わたしはそれを、いたるところ、休みなく、熱心に探してきた――それがすでに存在していた場所だけを除いて〉。旅立つ歩者は逃走者である。帰ってくる歩者は哲人である。もとより豊かな教養を身につけていたマリー＝エディットは、こうして哲人になった。

この物語は、彼女がこれまで慣れ親しんできた旅行文学からの引用がアクセントになっている。それは、大家たち――ジャック・ラカリエール、ニコラ・ブヴィエやエラ・マヤールにとどまらず、サン＝テグジュペリ、聖パウロ、ダライ・ラマ……そして大勢の詩人たちも登場する（歩くことが一歩一歩の足音でリズムを与えられた詩である以上、どうして彼女がランボーを、ルネ・シャールを、ポール・エリュアールをないがしろにし得るだろう？）。

長い距離を歩き続けることとは、身体的である以上にスピリチュアルな行為だ。それは、立ち直る力の要因にもなる。２０１２年のクリスマス前の８日間、《スイユ》〔訳註：犯罪を犯して服役したあとの一般的な更生プログラムに適応できず、社会に順応する困難さに苦しんでいる青少年たちを、大人と一緒に自分の足で歩く行為を通じて社会復帰に導くことを主目的にベルナール・オリヴィエが設立した協会〕〔原註1〕がファビアン少年のためにスペインで実施した、歩くことによる「リハビリテイション」に、マリー＝エディットは補佐役のジュリアンとともに同行した。四国巡礼路の寺院ならば、スイユ（敷居）は手前の俗とその先の聖との境界となるものだが、途方に暮れている子供たちのための敷居はわたしたちの社会にある。社会という人間の集まりのなかに居場所を得るためには、この「敷居」を越えなければならないのだ。

この旅行記について思い起こすたび、自分も行ってみたいという激しい欲望に襲われる。なんてことだ、この幸福への道をわたしは歩いていないではないか……と。この本のページをめくりながら、もしみなさんがそんなふうにわたしと同じ思いにとらわれたなら、八十八の霊場を巡る道に急いで出発するべきだ。それも、ヨーロッパ人が大挙して押し寄せ、人けのない魅力的な山道が観光バスで埋め尽くされる前に。

出発はまだまだ先のこと、という方々、あるいは「動かない旅」のほうを選ばれる方々は、この道の芳香をいつでもかぐことができるだろう――ページをめくり、マリー＝エディットのあとを追うことで。

フランスから
お遍路にきました。

[目次]

第4章《天国の鍵》

第六十六霊場〜第八十八霊場［讃岐（現：香川県）］
涅槃《ねはん》の道場 199

第5章 《常にもっと先へ、常にもっと高く！》(ULTREIA E SUS EIA !) 237

旅立ちの前奏曲《プレリュード》《自由への脱出》

さあ、帽子にコート、ポケットには二つの握りこぶし。出かけよう。
——アルテュール・ランボー

〈偶然はない。約束された出来事《ランデ＝ヴー》しかないのだ〉と、ポール・エリュアールは言っていた。そして人生はわたしに、とても素敵な出会《ランデ＝ヴー》いを贈ってくれた！

2012年の8月、サンティアゴ・デ・コンポステーラの巡礼路の途中、スペインのメリーデの町の数キロメートル手前で、ひとりの日本人巡礼者と出会った。そのことが、翌年の夏にひとりでリュックサックを背負い、当初その存在すらまったく知らなかった空海なる人物の足跡をたどる1200キロに及ぶ四国巡礼という、向こう見ずな計画にわたしを駆り立てることになる。普段、旅の道中で出会った人と歩きながら楽しむ会話では、ときおりそのふとした拍子に、ある旅路の話から他の旅路の話へ、ある大陸の話から他の大陸の話へと話題は思わぬ方向へ進むものだ。そしてその日のおしゃべりが、わたしを日本列島の大きな四つの島のなかで最小の、四国という名の島を一周する仏教徒の巡礼に導いたのだ。その、一瞬の道連れだった日本人の彼（この種の「越境《バ》ブ《ス》ロ《ー》ー《ル》カー」は、こういった場面では激しく感謝される！〔訳註：この原書の出版社名でもある《パスール》という言葉には、渡し守、不法越境案内人、運び屋、密輸人という意味があり、本書に何度も登場する」）がくれた知識が、わたしの興味をかきたてた。パリへ戻り次第、その巡礼について調べてみようと心に決めたのだった。

ル・ピュイ＝アン＝ヴレとフィステーラ《陸地の果て》岬（巡礼路は、スペイン、ガリシア州のサンティアゴ・デ・コンポステーラの街の先まで延び、大西洋に面したこの「陸地の果て」岬まで続いている）を結ぶ１６００キロを徒歩で歩き切り、そこから船でフランスに帰国したのだけれど、巡礼のあとの「道」も楽ではなかった。旅のあとには、いつもやるせない思いがつきまとう。帰ってくるやいなや夢見がちになり、世界地図を貪るように眺め、そして異国の魅惑的な地名の数々に熱くなり、陶然となってしまうのだ。窮屈な毎日、狭い場所で座りっぱなしの現実に閉じ込められ、活動の鈍った身体の倦怠感。コンポステーラの巡礼路で味わった心地よい充実感とはまったく響き合わないこの眠ったような気分のなかで、遥かなる四国からの呼び声が心の奥から浮かび上がってきた。理性ではどうにも抑えられないこの感じ、欲望がわたしの存在の深部から噴き出してくる……それはまるで自分のなかの裁判官が命令しているようなもの。パソコンのディスプレイの前で、わたしは確信する――来年の夏、わたしは四国に行く！　と。

新たな世界に進め！　その号令が発せられた。日出ずる国での幻想的な冒険がわたしを待っている。かくして２０１３年６月30日、わたしはこの「叙事詩」のために、ピエール・ラビがとても美しく定義したとおりの「受容の姿勢」で旅立った――〈生命の恵みを、謙虚に、そして感謝の念と歓喜をもって受け入れる〉準備万端状態で。その言葉は、わたしの心に掲げるスローガン、心の奥で唱えるマントラになった。そして、アーサー王伝説の円卓の騎士のように聖杯を探しに旅立たなくとも、その「聖杯」は、わたしの実際の体験のなかに、ひとりでに、はっきりと、立ち現れることになる。

〈人生は、あなたの意識が進化するために最も必要な経験を、あなたに正確にもたらす〉〔原註2〕。このエックハルト・トールの言葉は、今のわたしには至言だ。確かにあのとき、いろいろな兆しが束になってわたしを促していた。四国の道に心地よく身を投じ、靴底をすり減らしながら自覚が増し、自分の「存在」が濃密化し、この世界での新たな存在の仕方を自らの内に見出すようにと。

わたしは昔から、新旧の偉大な旅行家たちに魅了されてきた。貪るように読んできた彼らの物語が、「旅をしながら人生を送りたい」というわたしのヒリヒリする欲望と釣り合っていた。〈地球の地理的現実がいつもわたしの頭を離れない。自分のまわりに風土の生気を感じる——場所それぞれに特別な精彩を持った生気を。まあ言ってみるなら、わたしには「ひとつの方角に定める」といった考えは毛頭ないのだ。わたしはあらゆる場所の磁力に、永遠にとらえられている〉〔原註3〕。このエラ・マヤールの言葉は、わたしの心の奥深くに響きわたっている。

家の本棚は、わたしの「脱走」の師たちの寄り合いになっている。アレクサンドラ・ダヴィッド＝ネエル、ニコラ・ブヴィエ、ヴィクトール・セガレン、ロマン・ガリー、ブルース・チャトウィン、ベルナール・オリヴィエ、シルヴァン・テッソン、その他大勢。そこにある未だ見ぬ世界、それがわたしを空想へ誘う……。

いつも、すんでのところでわたしを救済してくれるそれらの相棒たちはささやく――むなしさや「何か足りてない」気持ちから日常生活を救うことは可能なんだよと。行き詰まった状態とか、恵まれた日々の退屈、ほっといてもうまくいくような生活から抜け出すことも、無気力や、ルーティーンの奴隷から逃れることも可能なんだよと。〈杖と象徴的なずだ袋で武装し、出ていこう！　その価値を知る、さらには孤独であることの自由の心地よい味わいを知る者にとって、「出ていく」とは、最も素晴らしく、最も勇敢な行為だ。自分勝手な幸福かもしれないが、しかし、それを味わうすべを心得ている者のための幸福なのだ。独りぼっち、必要なものも満足になく、人にも知られず、部外者で、いたるところが自分の家、単独の歩行者、世界を獲得する偉人！〉（イザベル・エベラルト）［原註4］

閉じ込められ、「習慣」に息が詰まり、極度な酸素不足に苦しめられる。そこから解放されるために、ドアや窓、地下室の換気窓や通気窓、自分がかけている眼鏡の窮屈な丸窓を、大きく開け放ってみたいという欲求を抱いたことがないだろうか？

あるいは、優美で威厳のある被造物だった光り輝く蝶たちが、ガラスのなかでピンで留められ、空の旅を奪われ、日々の平凡に屈しながらも天使の象徴でいることを命じられたまますたれてゆく、その様子と自分を同一視したことがないだろうか？　自分が、樹木から剪定され、命の精気から切り離された一本の枝のように感じたことが一度もないだろうか？

ありえないような未来を夢想してみたり、ユートピアのような異国で、夢のような道を歩む自分を思い描いたことがない人がいるだろうか？　すべてが今よりずっとしあわせで、ずっと活気があって、まさに完璧で、いつの日かたくさんの夢が叶って（コレが手に入って、アレを意のままに操れるようになって、アレとかアレの義務から自由になって……）、ずっと晴れやかな気分でいられる「もしも」の生活を考えたことのない人なんているだろうか？

不快感と緊張。不自由な日常に押さえつけられ耐え切れなくなった「人間らしさ」、その耳をつんざく叫び声。

それらがあなたを、ときおり動揺させ、憤慨させもする……。そうでしょう？

立往生したままの日々の連続に麻痺してしまったとき、〈未知のものに触れたくて、もう我慢がならない〉［原註5］という、ゴーギャンが感じた「ズキズキ」するような旅の誘惑が、昔からわたしの細胞すべてに取りついては、わたしの船の舵となり、見知らぬどこかに向かうへ、さきの役を務め……そして遠いどこかの土地の名前が、海風にパタパタと鳴る旗のように乾いた音を立てる！

昨日と同じ今日、今日と同じ明日……。わたしはそんな生ぬるいマントラを毎日唱え続けるのか？　ノン。腹の底からノンを三つ重ねよう！　人生はそんな寝ぼけたものではないはずだ。味気ない時間を捨てて、「自分の時間」を生きるのだ。生きている実感を取り戻そう。ただなんとなく存在していただけ、といった生き方を否定するのだ。

もっと遠くを見に行くこと、他の場所に飛び込むこと。その「遠く」にこそ、おそらくわたしの存在の錨《いかり》があり、この満たされない飢えに対する答えがある。

わたしは今、この窮屈な場所から逃げる必要があるんだ！　「旅立て」「平凡な毎日から逃げろ」という声が、コトコトと沸騰するように、わたしを頻繁に急かす。それはいわば、「約束の地へ向かえ」とアブラハムへ告げる神の勧告なのだ。〈さあ、故郷を捨て、わたしが示す地に向かいなさい〉……言い換えるなら、〈あなた自身へと向かいなさい。あなたの大地の奥深く、存在の奥底へ〉。

画像や映像、それにそうした旅行家の作家たちの物語は、わたしの養分となってわたしの存在の奥深くを奮い立たせ、わたしに異国へのあこがれを生じさせ、世界を歩き回りたいという強い欲望を、わたしの生きる動機《ライトモチーフ》に変えた。そしてわたしは、「日出ずる国」についてほとんど何も知らないまま――しきたりも、特異で入り組んだわくわくさせられる文明についても知らないまま、旅立った。本を読んで知らない国のことを知れば、それだけで気分転換にはなるはずだが、でも、わたしは実際に行ってみたいのだ！

綿密な準備はいらない。見知らぬ国で待ち構える「震える約束」に驚かされたり、目の前で起きる出来事に、ちょうど粘土細工のように自分を加工されるのが好きなのだ。〈旅路は我らを発明する〉し、わたしたちは〈歩みを自由にさせなくてはならない〉（フィリップ・ドレルム）〔原註6〕。本当にそうだと思う。

旅を計画的に組み立てたり、情報収集して知識を頭に入れておいたりせず、無邪気なフレッシュ感と、子供の視線を持った無垢な存在に、できる限り近いほうがいい。推論したり、思い込んだりせず、未体験のものを最大限受け入れる態度で、新発見に飢えた状態でいること。わたしは、とにかく新しい体験が好きなのだ。好奇心、欲望、期待、夢想……。わたしのスピリットは未知を愛している。西洋人としての感覚と習慣を間違いなく混乱させるはずの未知なる日本社会に対して、十二分にオープンな姿勢、かつ真っ白な心で旅立った。クリスティアン・ボバンはこう言っている。〈自分が生きていると知ることとは、すべてを知るに等しい。人生を肯定する以上に重要なことはなく、それが人生を燃え上がらせる。わたしは脳みそをコート掛けに掛け、外出し、そして完璧な散歩をした〉〔原註7〕。そのアドバイスに従って、わたしは計画表を作ることも、入念に準備することもない「大いなる無為《グランド・ヴァカンス》」の状態で、イメージやらその他の概念やらを脇に置いたのだ。

わたし自身がそうだったとしても、日本へ旅立つ前の数ヶ月間には、前途を暗示するような出来事が次々に起きた。スペインの「フランスの道」〔訳註：サンティアゴ・デ・コンポステーラの数ある巡礼路のなかのひとつ。西語：カミーノ・フランセス」沿いにある黄色い矢印のように、進むべき道を示し、道筋の目印となる夜空の星のような出来事がさまざま起きては、そのすべてが揃って東洋の彼方の目的地を指し示していた。進路は、面食らってしまうほど気さくに目の前に開かれ、とても温かく歓迎してくれた八十八の寺院巡礼の道に、奇妙なまでに導かれている気がした。

もっとも、人間の心が「意味ある兆候」というものに飢えていることはわたしも分かっている。しかし、それにしても……。まるで巡礼路自身のほうが、踏破されることに飢えているように思えた。まだ旅程の最初の一歩も踏み出していないうちからいくつもの「運のよさ」が組み合わさり、いくつものドアがたやすく開き、いくつもの出来事が容易に、それも申し分のない案配で整えられたのだ。わたしがほとんど何もしていないのに、すべてがひとりでに所定の位置につき、すべてが秘密裏にたくらんで、わたしの豊かな経験の理想的実現のための最適の環境をあつらえようとしてくれているみたいだった。我々は、この現実世界にあって、目に見えない矢印に誘導され、知覚できない糸で動かされているのだろうか？――すでにくっきりと描かれた軌道を通るように促されて……。

例えば、わたしは非常にうれしいことに、単に四国巡礼の先達であるだけでなく、その巡礼紀行も出版しているレオ・ガントゥレと知り合うことができた。そしてなんという偶然か、わたしの親友が暮らすオート＝サヴォワ県のとある村に、彼もまた住んでいたのだ。その彼との感激の出会いのおかげで、わたしは極東のその一角についての有益な情報をいただき、巡礼の心《エスプリ》にも近寄ることができた。

その他に起きた幸運な出来事といえば……母の、わたしのフライト一ヶ月前の「彷徨」がある。コンポステーラの巡礼路を歩いていた彼女はその日、森の横道に迷い込み、第六感で進んだところ、不思議なことに、出くわした交通標識の真ん中にステッカーが貼ってあり、その赤、白の色彩と、図案化された「お遍路さん」のシルエットが彼女の注意を引いた。わたしと日本との直接的な「つながり」は事実、この瞬間に端を発した。というのも、そこはフランスで最も辺鄙な奥地の本当に小さな集落だったのだが、そこにそのステッカーを貼ったのが、四国の巡礼者のための協会で、同様にコンポステーラ巡礼にも熱心な興味を抱いているNPO法人《遍路とおもてなしのネットワーク》だったのであり、結局その彼らが、わたしが日本に着いたときに迎えてくれ、彼の地でのわたしの特異な冒険においてとても重要な役割を果たしてくれることになるからなのだ。……もうちょっと我慢して待ってて！　もうすぐその話に入るから！

わたしたちの寿命が、計り知れない不思議で定められた、一回に針に通す糸の長さに思えることがある。それは、偉大なオーケストラ指揮者の的確で威厳のある動作によって活気づき、命と意味を得た一部の楽譜にも似ている。

この旅の装備の肝は軽快さだ。テントも野営用具もなし。衣類は極限まで減らした。確信していることだけれど、手放すとか、あきらめるという行為は、物質的問題以前に気持ちの問題であって、わたしはすべての「〇〇したら困るから」を――リュックを重くすることや、重荷になりそうなあらゆること(物質面のみならず)とともに――放り出すことにした。お遍路の第一歩としての、「断捨離」のプロセスだ。わたしは、荷物に関してこんなふうに書いていたロシアの巡礼者のことを思い返す。〈持ち物は、背中に乾パンを入れたリュック、上着に聖書。以上〉(作者不詳)[原註8]。

同様に、コンポステーラの巡礼者も伝統的にずだ袋、ひょうたんと杖だけを携えて旅してきた。わたしはまだその域には達していないことを謙虚に認めよう。でも近づこうとはしている！

出発前の日々は、エンジンが激しく回転し、プレヴェール流の目録[訳註：ジャック・プレヴェールの有名な詩「目録(棚卸し)」のような、見たところ相互間に直接的な関連性のない項目の箇条書き的羅列。〈ひとつの石、二軒の家、三つの廃虚、四人の墓掘り人、ひとつの花園、一匹のアライグマ、1ダースの牡蠣にレモンひとつパンひとつ、ひと筋の太陽の光……〉]の様相を呈していた。

旅立つ前にやっておくべきこととして記した、種々雑多な項目を見返すと……

・帰国してから慌てなくていいように、経営上、金銭上の要件を片づける
・般若心経の仏訳をプリントアウトする
・九月の新年度のために仕事の新パートナーを採用する
・水漏れしている台所の蛇口のパッキングを交換する
・すべての必要なアップデイト用件を済ます
・不在中のバスルーム工事のため、浴室のものをすべて外に出す

・仕事上のいくつかの案件を片づける
・身分証明書類をデジタル化し、自分宛てにメールで送っておく
・日焼け止めクリームを買う
・新年度冒頭のスケジュールを整える
・管理人に植物の世話を頼む
・彼女に鍵のスペアを預ける
・四国到着時にバスターミナルで出迎えてくれる遍路の協会に到着時刻を伝える
・不在中に届く請求書の振替を手配する
・アウトドア用ヘッドライトの電池を交換する
・購入したてのカメラの各種設定に慣れる
・《ELLE》の定期購読を夏休みの間止める
・仕事のメールへの自動返信メッセージを設定する
・新しいコンタクトレンズを用意する
・留守番電話のメッセージを変える
・夏の間に誕生日が来る甥たち姪たちへのプレゼントを準備する
・冷蔵庫を空にし、冷凍庫の霜取りをする
・大阪＝四国高松間の、バス路線の各停留所名を訳す

・髪を切りに行く
・緊急時の電話番号を書き留める（領事館、キャッシュ・カード／クレジット・カードのコールセンター）
・ユーロを円に両替する
・薄手で軽い半袖Tシャツを買う
・出発前の身内のパーティーを企画する
・アイフォーンにスカイプのアプリをインストールする
・日本に着いた最初の晩にお世話になる家へのお土産にいいワインを買う
・道中の伴侶として持っていく本を見つける（ここでもう書いてしまうと、最終的に選んだのは、インスピレーション豊かな、そしてインスピレーションを与えるミシェル・ジュルダン／ジャック・ヴィーニュの『歩く、瞑想する』［原註9］だ）
・歯医者の予約をする
・外国で引き出せる現金の限度額を変更するために銀行に行く
・水道の栓を閉め、電気を止める
・日本での携帯電話のプリペイド料金について調べる……

ひと言で言えば、めまいを誘う混乱の急旋回、ほどき終わりのない毛糸の玉。

第1章《自由の鍵》

第一霊場～第二十三霊場［阿波（現：徳島県）］

発心《ほっしん》の道場

［訳註：「発心」は修行を決心するの意だが、悟りに達するべく目覚め、行動を起こすという解釈から、英語や仏語では「目覚めの道」と表現される］

人生そのものを例証するべくあつらえられたような、
また、実存の象徴となり得る、そんな旅がある。
――ジョゼフ・コンラッド『青春』

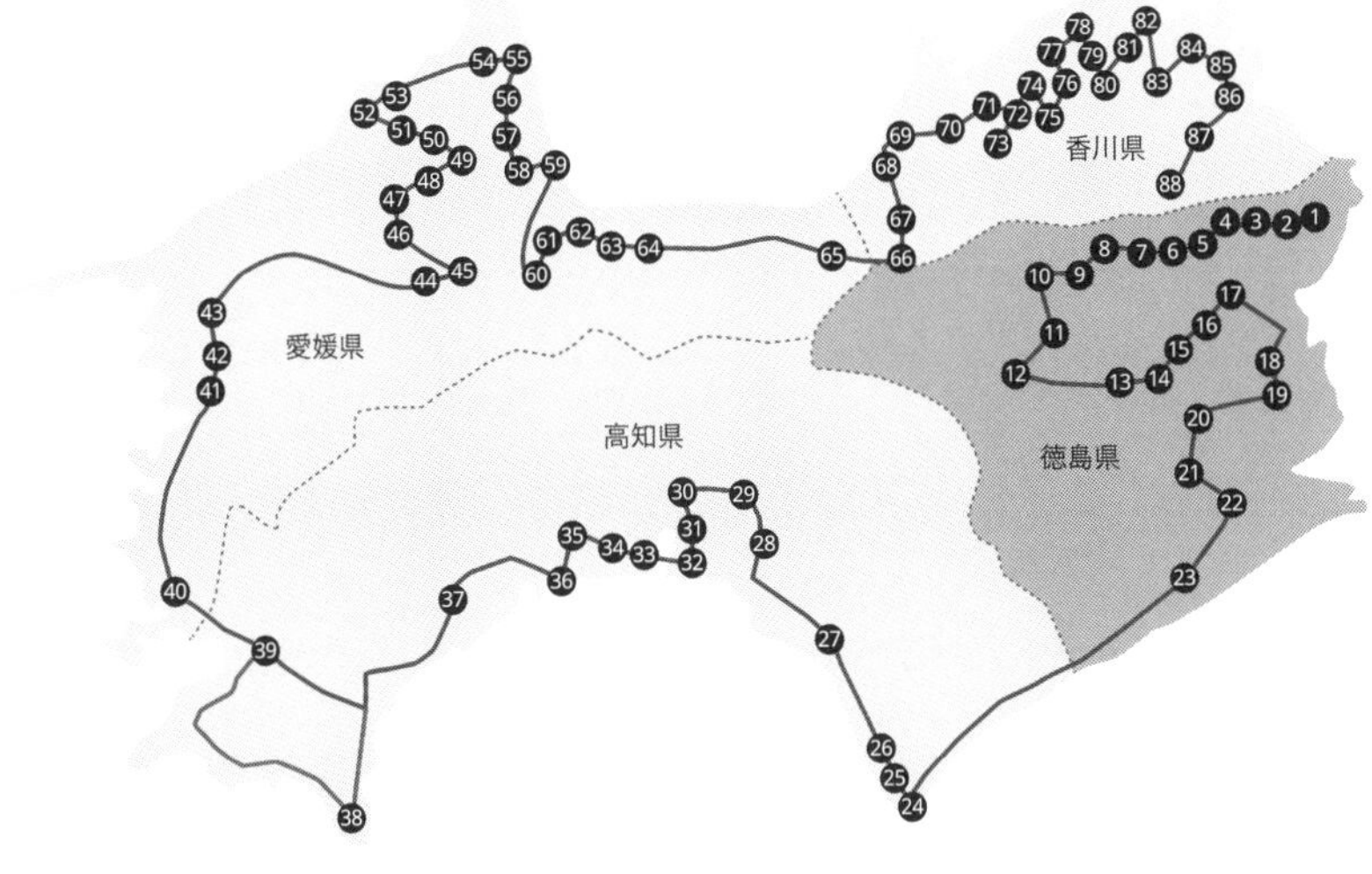

1　敷居の向こうに

進む道には、二つの歩みが重なっている。ひとつは目の前の、先へと延びていく道。もうひとつは、自分の「存在」の奥底へと向かう道。ミラン・クンデラが言ったように、〈旅に先立つ瞬間よりも素晴らしいものはない。明日の地平線が訪ねて来て、展望を告げる瞬間〉〔原註10〕。……だが、微かな予感はあったにしても、この2013年6月30日段階のわたしは、これから始まる巡礼の旅がこの先の自分の人生に与えるだろう決定的で豊かな影響力をまるで想像していない。今回の経験が、これを書いている今現在も毎日の生活の一瞬一瞬に精神的な糧を与え続ける大きなエネルギーの源になることに、まだ気づいていないのだ。

パリの空は真っ青に晴れわたり、早朝から美しい陽の光に充ち満ちていた。〈出発だ！　空は青、太陽は輝き、我らが足は草の上を歩きたがっている〉（ギュスターヴ・フロベール）〔原註11〕。新たな冒険《アヴァンチュール》の日の出。興奮、燃えるような熱意、笑っちゃうような気楽さ、高揚感、好奇心、自信、そして初めての体験が待ち遠しくてジリジリする感じ……それらがわたしの内的感覚をすっかり染め上げている。

かくして冒険《アヴァンチュール》は、敷居から始まる……それもわたしの家の玄関の、だ。前の晩のにわか仕立てのさよならパーティー（テーマ「またサケ飲む日まで」）〔訳註：原文は〈saké n'un au revoir（サケナノルヴォワール)〉。日本では「蛍の光」になっているスコットランド民謡「オールド・ラング・サイン」の仏語歌詞曲「Ce n'est qu'un au revoir〈スネカノルヴォワール/いっときのお別れ)」の言葉遊び」は、わたしの「友情年譜」の忘れがたい1ページとなったが、そこで友人たちエルヴェとルノーは親切なことに空港まで送っていくと申し出てくれ、その二人が、今ちょうど玄関に現れたところだ。昨夜はあっという間に過ぎ、荷物の準備は早朝寄りの深夜までかかってしまった。旅立ちの瞬間ののぼせるような気持ちの高ぶりのなかで、わたしは機械的に玄関に鍵をかけ、迎えに来てくれた車に乗り込んだところで、鍵のしまい場所を確認した。するとなんと! 鍵は忽然と消えていたのだ。階段か道路にうっかり落としてしまったのかと思ってすぐに引き返したけど、ない……。みんなで探したけれど、鍵は完全にその気配を消した。

わたしは軽口をたたいた——リュックサックが30グラム軽くなってちょうどよかったし、ま、この件は帰ってきたときに考えるわ、管理人がスペア・キーを持ってるからそんなに重大な問題でもないし、と。そのときは思いつかなかったが、そう、人生はいたずら好きなのだ! 実はその前の年に、わたしはすでにハードルを上げていた——コンポステーラの巡礼に出発した際、なぜかそのときに限ってキャッシュ・カードをリュックサックに入れるのを忘れたのだ。〈俺たちの失錯《しくじり》行為に〉と歌ったのはジャン=ジャック・ゴールドマンだが、「失錯行為」はフロイトの用語だ!

いずれにしてもこの瞬間、わたしは船の係留ロープをきちんと厄介払いしたのだ。ほとんど死活問題になっていた狭苦しい密室での日常、その束縛を断ち切ること……覇気を欠いた重苦しい日常の檻《おり》を大きく開け放ちたいという欲望……それらの、この上なく象徴的な現象を体験したのだ。もうつながれていない、執着もないし、定住居もない。未舗装の野道へ、すんでのところで脱走だ！　錠前のない自由へのあこがれ。世界の香りを吸い込む、完全なる自由。
〈旅立て、旅立て、おまえを見ている者と目を合わせず、悲しき別れも甘美な別れも意に介さず、旅立て、おまえのなかの、華々しく凶暴な規模の、唯一の愛だけ持って〉［原註12］、そうヴェラーレンが命じていた。〈出かけろ！　出かけろ！　生きる者の定めだ！〉［原註13］、そうサン＝ジョン・ペルスが叫んでいた。そう、回れ右して、居心地のよい領域を出ていくこと。慣れきった日々の暮らしの鎖を足首から引きちぎり、ありふれた掟を無視すること。すべての可能性の無限を生きること。新しい地平線を見るときだ！　ドアも窓もない［訳註：外から何も入ってこない、つまり一切の影響を受けない厳密に独立した存在を示す、ライプニッツの「モナド」の定義］自由の出番だ！　日々を生きる者に出番を与えよ！

　空港に着く。親愛なる仲間たちを振り返り、手で最後のサインを送る。待ち時間がゆっくり過ぎていく。この雰囲気がわたしは好きだ。すべての道が互いに出会い、世界の端がとても近くに、翼の届くところにあるこの状況が！　さよならと再会のよろこびが反響する場所。出発する人々、とどまる人々、戻る人々。わたしを魅了して止まない地球の、計り知れない広大さを前に目覚める感覚と精神。出かける、去る、離れる、歩く、見つける。ことごとく、来たるべき幸福の展望しかない！

好奇心を案内人に、「未知のもの」を指導者に、自信を伴侶とし、そこに冒険好きの熱意を積み込んで、わたしのフライトは大阪・関西国際空港まで展開する。

2　東洋の光

7月1日　脱出成功

やった！　わたしは今、間違いなく日本にいる！　日出ずる国とのファースト・コンタクト。人工の島に作られた大阪の空港に着陸したのだ。タイム・ゾーンを8つ分、パリから1万キロ離れた遠い国。降り立って最初の数歩のうちに澄み切った流れるような感覚を覚えたことに、わたし自身戸惑っている。水を得た魚のように、周囲の環境と相互浸透する、そんなとても穏やかな順応。ここが、奇妙なほど慣れ親しんだ場所に感じられる。風変わりなデジャ＝ヴュ！　自分が歓迎されている気がする。

必要な情報を得ることにも、四国行きのバスの乗り場を見つけることにも一切問題がない。行き先は高松だ。そこで、出発前にコンタクトを取っておいた、地元の特定非営利活動法人《NPO》《遍路とおもてなしのネットワーク》事務局長の松岡さんが迎えに来てくれることになっている。日本の厳密さ、この国を有機的に構成しているその一端を最初に目にしたのは、バスに並ぶ行列だった。几帳面に整列し、慎み深く待つ人たち。こんな情景はフランスではあり得ない！

時差は容赦なかった。わたしは高松へ向かう途中、降りるバス停を乗り過ごすまいと、がんばって目を開けていた（結局、自分が降りるのは終点だったのだが）。そして、窓の外を流れていく新奇な風景を、貪るような視線で吸収しようとしていた。

向かうは、ありのままの自然に満ちた四国。この島国の、最も大きな四つの島のなかで最小の島。中国地方の南側に位置し、瀬戸内海と太平洋に挟まれた島だ。そこでわたしを待つ、八十八の寺をつなぐ、１２００キロに及ぶ環状巡礼路の旅（追加してさらに20の寺を巡る１４００キロのコースもある）。起伏に富むこの島の、四つの地域を横切り（〈シコク〉の〈シ〉は〈４〉、〈コク〉は〈地方区分《プロヴァンス》〉を意味する）、巡礼者は「悟り」に達するべく聖なる霊場を一箇所、また一箇所と巡るのだ。仏教徒は「悟り」の状態になったとき、精神が宇宙に統合されるという。わたし、見込みあるんじゃないかしら！

あいにく眠ってしまわない限り、降りる駅や停留所をミスすることはない。日本では、発着時刻は厳格に守られながら運行されるのだ。交通機関は楽譜のように正確なために、腕時計を見てさえいれば、間違わずに目的地で降りることができる。

そういうわけで、正確に15時07分に高松駅に到着。上品なグレーのスーツに身を包んだ松岡さんが待っていた。いかなる感情も表さず、いたって平然とした面持ち。その眼鏡の奥の小さな輝いた目から、何事にも動じない威厳が漂っている。彼の右腕であるシシド・ハルノリさんも、愛想よく笑いながら自己紹介してくれた。遠くから彼らを目にしたとき、彼らは一枚の写真を食い入るように見つめていた。出迎えの場所でわたしをすぐに探せるようにということで、事前に顔写真を求められていたのだが、そもそも四国までやってくる西洋人自体が稀だし、実際このバスに乗っていたのもわたしひとり。写真は特に必要なかったのではないかと……。

挨拶と自己紹介は、名刺交換とお辞儀という日本式のものだった。実った稲穂がたわむように頭と上半身を傾ける。以前、徳が高くなるほど、その人は深いお辞儀をするようになる、という話を聞いたことがあった。反対に、ぞんざいな挨拶からは、教養と礼儀作法の欠如が見透かされるのだと。ということで、わたしはできる限り品よく丁寧な挨拶を心がけた。

ハルノリさんが英語で通訳してくれながら、わたしたちは車に乗って出発したのだが、最初にどこへ向かっているのか分からなかった。そのうちに彼の発する〈hospital〉という単語を聞き取った瞬間にハッとして、慌てて詳細を確認してみると、彼らは生理学的な見地から歩くことの効用を証明したいらしく、わたしの巡礼の最初と最後に血液の数値を測定したい、ということらしいのだ。注射なんてされたくなかったし、臓器売買のおぞましい事件のことも頭をよぎったので、わたしは丁重にお断りした。すると彼らは無理強いをすることはなかった。こんなふうに、なんとか話は通じるものだ。

車から降りるやいなや、「ヘンロ」と呼ばれる四国霊場巡礼のための、1200年間変わらぬ必需品を売っている店へと向かう。遍路のための衣服を身に着け、象徴的な小物類を持つこと、それは「新入り」にとって巡礼者の完全なる人格と誓いを、道中、身体にも心にも十全にまとうことを意味する。背中に〈南無大師遍照金剛（直訳するなら：万歳《ヴィヴァ》大師、仏さまの智慧はダイアモンドのようにすべてを照らす〉という空海への敬意を表した文言が書かれた白衣《はくえ》、菅《すげ》で編まれた中国風の円錐形の帽子（わたしを陽射しや雨から護ってくれるマントラがサンスクリットで記されている）をかぶり、金剛杖《こんごうづえ》（巡礼者の持つ木製の杖で、上端に金色を含む鮮やかな色使いの布のカヴァーが付いていて、空海の分身として、大師が我々と共に歩いていることを象徴的に示すもの。まさにサンティアゴ・デ・コンポステーラの巡礼における聖ヤコブ《サンティアゴ》のしるしとしての杖のようなもの）を手にしたわたしは、我ながら堂々として見えた。さらに、杖を飾る鈴。野生動物を遠ざけ、煩悩を払うためのもので、それが歩行のリズムを奏で、まるで陸地を歌わせるかのような、魅力的なアイテム。「衣裳がお遍路さんを作る」！［訳註：仏語のことわざ「服が修道士を作るわけではない（＝外見で人を判断するべからず）」をもじっている］　そもそも四国では、自分がお遍路であることが周囲に認識されることが重要なのである。特別な敬意を払われ、その恩恵に浴するのが決まりなのだ。

加えて、わたしは納経帳《のうきょうちょう》も用意した。すべてのお寺の納経所でスタンプと墨書き《カリグラフィー》をいただくための手帳で、サンティアゴ・デ・コンポステーラの巡礼パスポートであるクレデンシャル（巡礼手帳）に似ている。それから納札《おさめふだ》。これは、縦長の紙で、そこに自分の氏名、年齢、住所を記し、願いごとを書いてそれぞれの寺に納めるものだが、道すがら贈り物をくれたり、親切にしてくれた人々へ感謝を示す際に、その人へのお守りとして贈ることにも使う。そして最後に、すべての

納札

寺で参拝に使う、小さな白いロウソクと線香も揃える。

さあ、これで伝統的な遍路の身なりになって、空海の歩みに自分のそれを重ねる準備が整った。日本の人たちが今も深く称賛するこの8世紀に生まれた仏教の僧侶空海は、死後に醍醐天皇より「弘法大師（仏法を広めたる偉大なる僧）」の名を贈られた真言宗の開祖だ。仏陀の教えを介し、すべての人間は現世において悟りの境地に達することができると説いている。まったく東洋のこの遍路道には、素晴らしいものが待ち受けている気がする！

次に、松岡さん、ハルノリさんと共に、そこからほど近い志度寺《しどじ》（四国八十八ヶ所霊場の第八十六番にあたる）を訪れ、これから向かうすべてのお寺で行なうことになる、礼拝《らいはい》の動作を教えてもらった。「願いごとを満たす」という意味合いのお寺らしく、まさに礼拝の稽古にぴったりの場所だ！

彼らは、忍耐強く熱心に、古来のしきたりの数々を実際にやって見せながら教えてくれる。わたしも一生懸命やってみるが、動きはまだまだぎこちない。でも構うものか、わたしはこれからたくさんのお寺を巡るんだから、そのうちスムースにできるようになるって！

ちなみにその手順はこういうものだ。巡礼者はお寺に着くと、正門（山門）の前で上体を傾けながら胸の前で両手を合わせる。寺の表門の両脇には、眉をひそめて挑戦的な口元をし、武器を振りかざしながらこちらを睨みつける恐ろしい表情の仁王が二体いて、寺を護っている。次に巡礼者は手水舎へ向かう。水の出るところにはしばしば龍の頭があしらわれていて、木の長い柄が付いたレードルのような、小さな片手鍋状のものが置いてある。それで水を汲み、左手、右手の順に洗い、口をゆすぎ、そして脇に備えつけてある白手拭いを使う。一連の浄めの儀式だ。

次にその近所の住民が許可している場合のみ、お寺の鐘をつく。その後、仏像を祀った主要な聖堂《サンクチュアリ》である本堂へと向かうのだが、その方向を示しているのが、ボードに描かれた、アニメからそのまま抜け出てきたかのような、にこやかな笑みを浮かべたキャラクターだったりするのだ。そして本堂の大屋根の下で一本の白いロウソクを灯して、風除けに囲まれた場所に置き、そこから三本の線香――一本は過去を、もう一本は現在を、三本目は未来を象徴する――に火を取って、それ専用の巨大な鉢の灰の海に立てる。次いで本堂の階段を数歩上り、鐘、もしくは鈴の付いた綱を揺らして鳴らし、大きな木製の賽銭箱に数枚の硬貨を奉納する。納札は金属製の納札箱へ。合わせた手に数珠を掛け、般若心経を大きな声で唱え、個人的礼拝を受け入れてくれたその寺の崇拝対象へのマントラも朗唱する。

順路を示す掲示板のアニメ風キャラクターに再び導かれ、巡礼者は大師堂《だいしどう》へ。そこで本堂で行なった動作をもう一度繰り返す。今度は空海に対する礼拝だ。ロウソク、線香、階段、鈴（鰐口）、賽銭、納札、般若心経の定型文……。最後は納経所にて300円を納め、持参した納経帳にご朱印（墨書とご朱印）をいただく。それと一緒にお寺の本尊（空海への信仰とは別の、その寺院に祀られている真言宗の崇拝対象）が小さな白い紙に描かれた御影《おすがた》と呼ばれるものももらい、納経帳または専門の御影保存帳などに挟んでおく。

お寺をあとにする際も、巡礼者は門を出て振り返り、手を合わせ、お辞儀をして感謝の意を表す。

その晩もわたしにとって目新しいことが続く。というか、一日の終わりに、これまた驚くべき初体験が目白押しだった！　初めての、本場でいただく日本食。そして初めての「オフロ」。日本の伝統的なバスルームはこんな感じになっている。バスタブの脇にはとても低いストゥールが、身体を洗ったり、石鹸を使ったり流したりするためのシャワーに対峙して置いてある。それを使ってから浴槽に身体を沈めるのだが、浴槽は大きく、深く、その、控えめに表現すると極めて熱い（！）お湯のなかで心身を緩め、リラックスするのだ。そのときはまだ知らなかったのだが、その後わたしは図らずも学ぶことになる——バスタブに張ってあるお湯はそのまま取っておかなくてはならないのだということを。一枚、あるいは複数枚の木かプラスティックでできたフタでお湯が冷めないようにし、そのお湯に家族全員が入るのだ。

初めての体験はさらに続く。木製の格子に半透明の紙を貼った「ショージ」という引き戸によって部屋と部屋が区切られていて、日本ではそんなふうに部屋がサイズを変えて多目的に使われるのが普通だ。そして稲藁を縫い固めて作った「タタミ」に敷いた「フトン」の上で眠る夜。ああ、この状況！　どう考えてもわたしがいるのは間違いなく日本だ！

部屋の電灯を消す前、わたしは念のためリュックサックの中身をすべて出して並べ、家の鍵がどこかに紛れ込んでいないか探してみたが、結果むなしく……。これこそ自由の鍵、まさに絵に描いたような係留ロープの厄介払いだ。立往生していた日々のぬかるみから、遠くへ、うまい具合に逃げ出したのだ。二重鍵のドアに施錠された窮屈な生活からの脱走……。そう、「目覚め」のときなんだ！

7月2日　目覚めの種

一日の始まりは、ざわめきとあわただしさの兆しに包まれていた。松岡さんは朝のとても早い時刻に、東京から来た《テレビ朝日》のジャーナリストと会う約束をしていた。四国巡礼に関する報道番組の取材で、今日一日わたしたちに同行するらしい。そういうわけで松岡さんは早く出発したがっていて、わたしに呪術的で催眠作用のあるマントラ、「ハリー・アップ！」を繰り返す。驚くべきプレヴェール風のリスト――今度は日本語の――が、強烈なリズムで連なっていく。集団でリズミカルな行動をしてほしい、という要請に従うにはスピードが必須であって、かくしてわたしは、時計との激しい競走にいきなり捕まってしまう。緊急性による独裁、一本調子の時間による息苦しくなるような拘束。ハルノリさんを迎えに行ってから、ジャーナリストをホテルへ迎えに行き、冒険の始まりとなる最初のお寺へと向かった。太陽はすでに高く、そしてとても暑い。

現地に着くなり、ジャーナリストから遍路の盛装を脱ぐように言われる——わたしが今朝、誇らしく整えた立派な盛装を……。なぜなら、寺の門前にいくつも並んでいる、お遍路さんの頭から足の先までの身支度を整えるブティックのひとつで、あたかもわたしが今、それらを買い揃えたかのように演じるためだ。〈あたかも……したかのように〉が、一日目のライトモティーフ《反復主題》になる。カメラマンは何度も撮り直す。そのたびに、元の位置まで戻っては、たどたどしい動作をやり直す、〈あたかもそのお寺に今着いたかのように〉、〈あたかもお寺の門の前でお辞儀していなかったかのように〉、〈あたかも手水舎で手を清めていなかったかのように〉、〈あたかもお線香に火を取っていなかったかのように〉、〈あたかも般若心経を唱えていなかったかのように〉演じるのだ……。そういった振る舞いの、ちょっとしたスターというか、「ＶＩＰ（Very Important《とても重要な》 Pilgrim《巡礼者》の意味ね！）」的な側面は確かに愉快な初体験ではあったけれど、わたしのシンプルな行動原理とも、想像していた土地の姿とも調和を欠いていた。それにこれってヤラセじゃない!?

　西洋人のお遍路という珍しい立場と、ＴＶ番組の撮影クルーのせいで、わたしは行く先々のお寺で注目を浴びてしまう。三つ目の寺院（第三番札所）のあとに、またも「初体験」が待っていた。巡礼路沿いにある、典型的なラーメン店での休憩。そのラーメンとは、濃厚なスープ《ブイヨン》——豚と鶏の骨を煮出すのが徳島風なのだという——に麺が入った料理で、その脇に肉、魚、あるいは野菜が具材の揚げ物《ベニエ》であるテンプラも並ぶ。この地のしきたりでは、麺は騒々しい音を立てて吸い込むものだという。一回の昼食がそれだけで強烈なひとつのアドヴェンチャーだ！　これは何？

どうやって？　何をつけて？　どの順番で？

食事中、この場にいる全員が松岡さんの話をとても敬意を払いながら聞いているのが分かる。その彼が昼食が終わるなり、威厳を示してみんなを車に乗せる。全員を次のお寺まで運んでくれるというのだ。自主的《インディペンデント》に行動したいという自分の気持ちを秘してはいたものの、いらだちの感情が不意にわたしを襲った。強く腕を引かれたことにも驚く。すっかり子供扱いではないか。それでも、彼の自尊心を傷つけないように、極力抜け目のない外交的手腕を発揮しようと努めた。わたしはチームワークを麻痺させる要因にはなりたくないけれど、かといって、〈わたし〉を眠らせておきたくない――よりによって、この発心（覚醒）へ向かう道で。わたしは、この巡礼を完全に「アルイテ（日本語で言った）」達成できるかどうかが、自分にとっての名誉にかかわることなのだと、どうにかして彼に理解してもらおうと試みた。そこにいた全員がわたしをちょっと危ない人だと思ったかもしれないが、でもそう主張したことで、わたしはハルノリさんと歩いて出発することになった。正当だと感じていることについて筋を通せたことに、少なからず満足しながら。

執拗さはときに必要だが、行き過ぎも好まないので、リュックサックだけ車に乗せてくれるという申し出は受け入れた……というか、正直ありがたかった。時差ボケ、うんざりするような暑さ、使っていなかった筋肉のこわばり、それらに同時に見舞われた状態で身体を慣らしていくには、少しでも軽快なほうが都合がいい。

それにも増して全体の行動のピッチは加速し、わたしたちは17時前に今夜の宿泊施設がある第六番札所（第六の寺院）に到着。一部のお寺に古くから備わっている宿坊は、元は特に僧侶が居住するためのものだったが、そののち、江戸時代になってから巡礼者や移動中のサムライにも門戸を開くようになった。近くまで来てから一度引き返して別の道筋へ抜けたので、わたしたちは、最後は松岡さんとジャーナリストが待っていない道を通って目的地に着き、そして振る舞った、〈あたかも今、初めて着いたかのように〉……。

「満ち足りたよろこび」という名前にふさわしい、第六番札所の安楽寺《あんらくじ》にて、わたしたちは感じのいい、光り輝くお坊さん——頭も顔も丁寧に剃られ、純粋で深遠なよろこびが宿っている人特有のフランクな笑みを瞳にたたえている——に迎えられた。惹きつけられるような貫禄とカリスマがある人だ。その彼がわたしを今夜の寝室に案内してくれたのだが、その「がらんどう」の部屋を見たわたしは驚きと困惑に固まってしまい、それがジャーナリストを愉快がらせる。お坊さんが押し入れを開けると、そこに畳まれたフトンや枕が入っていて、要するにそれを自分で出してタタミの上に敷く、ということなのだった。発見と初体験が、いたるところに存在している。わたしはこんなふうに、子供のような驚きに満ちた「新しい目」を自分のなかに再び見出すことが好きだ。新鮮な風景のなかに、自分が今置かれている環境を、一切の先入観なく発見するのだ。

日本のテレビ番組のために撮った最後の映像は、禅庭スタイルの魅力的な鉱物の庭《ジャルダン・ミネラル》に臨むこの部屋で撮影された。一日の終わりの傾きかけた陽光のなか、庭の大きな岩々が、小砂利の大海にその影を浮かべている。ジャーナリストは欲しい画のセットを整え、わたしに坐禅の形に脚を組み、空海像に向かって瞑想の体勢を取るように促した。

今日の旅に同行してくれたみなさんにお別れを言ったあと、先ほどの僧侶が英語でこの寺院を案内してくれた。わたしは熱くすべすべした木の床を踏みしめ、連れられていったフェルト敷きの続き部屋の薄明かりから発散される、その美しさ、見事さ、穏やかな雰囲気に惹きつけられていく。わたしはまわりのものすべてを観察し、魅惑される——その色彩、曼荼羅、金色の仏陀、数々の仏具類。儀礼としてわたしたちは、高さ5メートルの仏陀のまわりを3周したのだが、それはまるで、この先の「道」を映し出す輪舞《ロンド》の環のようだった。教えてもらった、我々の祖先に捧げるおまじないのような祈りの言葉を繰り返す。僧侶は、抑揚の温かい声でわたしにご加護があることを祈ってくれたのち、大きな空海像に引き合わせてくれる。他の空海像と同じように、左手に数珠を持ち、右手にはヴァジュラ、またの名を金剛《こんごう》(杵《しょ》)を、心臓の高さで少し傾けて握っている。無知に立ち向かうこの比類なき武器は、金剛乗のブッディストに伝統的な仏具で、金剛乗教の名称はその「金剛(極めて硬い金属/ダイアモンド)」からきている。僧侶はわたしに、両手でその金剛を握るよう勧めてくれた。そうしてご厚情と、あわせて、わたしが巡礼を首尾よく成し遂げられるための力をくださるように、そしてこの先も必要なときに、わたしの内にその力を再び感じることができるようにお願いするのである。その崇高なエネルギーが自分のなかに流れ広がっていくのを思い浮かべながら、力強さに満ちる金剛杵にそっと触れる。

わたしはそれ以降、自分が仏陀と空海の庇護のもとにあるものと思っている。それは、ル・ピュイ＝アン＝ヴレの大聖堂からコンポステーラの巡礼者を送り出す際の、次のような祝福の言葉とも共鳴する。〈全能の神よ、巡礼の旅へ発つ、あなたに仕える者たちをお助けください。そして、あなたのご意思に応じて、彼らの進む道をお示しください。あなたのご加護のもとで彼らが首尾よく旅の終点に到達することができますように、日中の暑さにあっては彼らの木陰になり、悪天候の折りには避難場所に、夜中の闇においては光に、疲れたときには安らぎになってください〉。願いの表現方法は異なるが、ある超越性へ向かって立ち昇る祈りは同じだ。

続いてわたしたちは一緒に般若心経を唱える。僧侶は、等間隔で魅惑に富む鈴《ゴング》（りん）の音色を加え、わたしはその言葉、フレイズ、マントラの生き生きとした抑揚を機械的に繰り返す。わたしのそれはプシタシスム［訳註：意味を考えず、おうむ返しに言葉を反復する精神障害］のようであり、確かに精神の糧にはほとんどなっていないけれど、でも今この瞬間の、人間と天上的なものとの間の、心や知性の先にある言葉では言い表せないつながりを感じるのだ。真言宗は、空海が中国で師事した恵果《けいか》和尚から授けられた密教の奥義をもとに教義を構成したもので、マントラと曼荼羅を用いることが、その教えの核心となっている。

第一日目の終わり、胸を打つ祈りの時間と心地よい雰囲気によって、出発前からの混乱と興奮がようやく収まり、心と思考が落ち着き、自分が「今、ここ」に集中し始める。頭のなかの無秩序な動きがおとなしくなる。わたしの内で何かが開かれ、呼吸する。「感じる」ことと「心の高ぶり」の内部に入り込む。空《くう》の観念に焦点を当てた経典、般若心経のテクストをおうむ返しに唱えながら、この豊かなスピリチュアル性に支えられ、混雑が解消され始め、くり抜かれ始める自分の内面空間の面白みを味わっている。わたしを溺れさせるプレヴェールのリストは、もうない！偽の緊急事態、あらゆる種類の自称強制力がふさいでいた、「今」への通路が開けてくる。

あっという間に夕食の時刻となり、18時ぴったりに食堂へ行く。すると、そこにはバスのパッケージ・ツアーでやってきていた日本人巡礼者の十数名がすでにテーブルについていて、わたしが入っていくことでちょっとしたセンセーションが巻き起こる。全員の目がわたしを注意深く観察し、次いで全員の顔が揃って微笑みを浮かべ、そして生き生きとした感嘆の声を上げる――「えーっ！　すごいねー！」

夕食の最後に、またも初体験があった。巡礼者の男性が日本のビール《アサヒ》を持って近寄ってきて、「お接待」と言ってそれを下さった。

この風習は、お遍路さんをもてなしたり、泊めてあげたりする昔からの伝統である。そもそも親愛の情を持って援助することは、仏教の本分でもある。お遍路を、人間と仏陀との間にいる存在と考えて贈り物をするのだ。もちろん、それは断るものではない。

わたしのこの国での「見習い研修」は夜じゅう続いた。目新しく新鮮なことばかりで、子供のように好奇心に拍車がかかっていく。エアーコンディショナーのリモコンの表示が読めず、分からないままに「操縦」していたら、まったく必要性からほど遠い《暖房》モードになっていた！　この洗濯機はどうやって使うのだろう？　表示の漢字が、自分が持ち合わせている知覚をまるで呼び起こさないのだ。専用スリッパを履いて入る、かの名高い日本のハイテク・トイレ。便座は温かく、そこから温水が噴き出る。各種ボタンを押すことで、《乾燥》させたり、音を流す機能もある。まるで一篇のポエムだ！　それからわたしの、初めての温泉のバス・タイム（「オンセン」と呼ばれる熱湯が出てくる源泉は、日本人にとってまさしく「生きるよろこび《アール・ドゥ・ヴィーヴル》」である）に関して言えば、それは、この発心（目覚め）そして精神の高揚へと向かう道の始まりで、軽やかにではあるけれど、大きな形而上学的問いを提起する――小さな蛇口《カラン》とシャワーの前に備えつけてあるボトルは、どれがシャワーソープのそれであり、どれがシャンプーで、リンスなのだろうか……？　同様に自分でフトンを敷く際の手順も、正しいやり方をすぐに会得できるものではない。そうしたすべてが、わたしを愉快な困惑に陥れる。要するに、発見の率直な快楽。ここにいることの、分かりやすくて、紛れもないうれしさ。

　時間の持つ「進行する側面《クロノジックな》」だけに支配され、テンポを強制された今日一日のつむじ風が止んだ今、ひとつ決心する――わたしは、盲目的に人の歩みにつき従うことを拒もう。わたしはリズムを緩め、減速し、時間の「別の基準」に移行し、自分の時間を持ちたいのだ――文字通り「わたしのもの」をだ。時間を「失う」とか「稼ぐ」とかでは一切なくて、それぞれの場所をその場所たらしめているものを、雰囲気を、出会いを吸収するために、単純に、率直に、心静かに、それを手にしたい。そう。心の底からわたしは、自分の足と心のおもむくままに道をゆきながら取り戻す「のろさ」を切望している。真に、全面的に、充分に、生きるということ。一歩、一歩の瞬間の現在性から時間を撤廃し、その一方、時間は旅の空間のなかで膨張する。〈宇宙の時、時間に――列車のそれではなくて――〉（ヘンリー・デイヴィッド・ソロー）［原註14］注意を払うこと。

時間を手に取る。それこそ、わたしにとって最高の贅沢なんじゃないかしら？　もしかすると、すでにそれが、道がわたしに与える第一の鍵かもしれない……。自分のときを、自分の歩のリズムと調和させる――わたしの存在の自分だけの律動《リトミック》と釣り合うように――今のこの一瞬の充実のなかで。

たとえ「時間厳守」が日本社会の重要事項であり、それを欠くことが無礼だとしても、それでもわたしは、「急いで」という言葉があらゆる場面で使われ、みんなその先に何があるのかよく分からないままに走り回り、予定帳が目安ではなく規則となって行動を縛りつけたり、生活を重圧で支配するような、そんな緊急性の独裁には屈したくない。わたしは、時間の所有権を取り戻し、そして、自分の内なるリズムに敬意を払いながら、慌てずに、この一歩一歩の歩行のなかに生きることを、激しく求めている。強迫的な時間の重荷を放り出すことを。わたしが存在する時間を、ただ単純に自分に委ねるために、これまでの自発的隷従［訳註：エティエンヌ・ドゥ・ラ・ボエシ『自発的隷従論』への目くばせ。暴君の独裁は、結局のところ彼に奉仕することを受け入れる人間たちの暗黙の加担によってのみ保たれることを指摘し、大衆に自立の味を思い出すよう促した］を止めることを。

生きている感じが満ちてくる……時間の微妙な膨張……空《くう》における溶解。沈黙の世界へ潜って、わたしの内に仏陀の知《エスプリ》を呼び起こす「目覚め」の軌道に浸る……。そんな思いにいい気持ちになりながら、わたしは深く甘美な眠りに沈んだ。

7月3日　陶酔

口元には笑みがこぼれ、心は興奮ではちきれんばかり。今日は、わたしが自律的にこの未知の国土《テッラ・インコニータ》に踏み出す最初の日だ。〈あなたの心が導く道に、あなたの目が見るところに歩め〉(伝道の書／コヘレトの言葉)［原註15］。計り知れない自由の感覚！　好きに立ち止まるのも、気まぐれに寄り道するのも、自分のなかのコンパスが指し示す場所へ向かうのも自由。疲労にあえぐ日々から遠く離れ、自然をゆっくりと呼吸できる自由。沈黙に耳を傾け、対話するのも自由。「地球成分《エレマン・テール》」を取り戻すよろこび——それが「当たり前のこと《エレマンテール》」じゃないだけに。

ということで、わたしは出発した——晴れわたった心は自信に満ち、元気いっぱい、上を向いて。これから訪れるあらゆる発見を思うと胸が小躍りし、同時に、自分がすでに慣れ親しんだ環境にいるみたいな奇妙な感じもする。わたしは、自分がこの道と相互浸透の関係にあり、存在することのエネルギーによって先に運ばれているのだと感じる。片足をもう片足の前に出すことを除いて何もすることがない——ただ、その動きにまかせ、静かにし、自分を存在するがままにし、信頼する。時計が示す、分だとか秒だとかの時間はすっかりどうでもいい。プラグを「頭のコンセント」から抜いて、「地球のコンセント」につなぎ直す。わたしの存在の中心は、一歩一歩の瞬間、瞬間にある。

地球と、空と、雲と、木々と、草花と、風の音と、小川のせせらぎと、この「近さ」を回復することはなんてしあわせなことなんだろう！　道すがら横になったりできるのって、なんて気持ちがいいんだろう！　何かを喚起させるように形を変え続ける雲や、自然の総譜《スコア》を作る微かなざわめきが、沈黙とポリフォニーを交互に織りなすさまに、自分の感覚がいきなりとらえられる！この限りなく大きな世界にひたひたに浸かる感じをあらためて味わえることが、こんなにうれしいなんて！　「宇宙」のリズムと調和する呼吸を取り戻すこと、それはわたしにとって正真正銘の平穏で、その濃密で豊かなリズムは、すさまじい予定《ランデ゠ヴー》の連続に支配された時間とは異なっている。流れる風景と自分が調和し、歩いているときの感覚器官ひとつひとつを再発見するような、そんな恍惚を味わう。「覚醒」するって、まずは最初に身体的なそれなんじゃないのかしら？

もともと方向音痴のわたしは、遍路道の表示によくよく注意しているつもりだ。スペインの「フランスの道《カミーノ・フランセス》」では黄色の矢印だったが、ここでは、白地に赤のお遍路さんのシルエットがその役目をしている。他にも、手の図案が彫られた標石だったり、ときには、標識柱に描かれた交差する二本の金剛（空海が右手に持っている、無知と戦う例の武器だ）が巡礼者の歩みを導いている。

それらの表示があったにもかかわらず（あったことを知るのは常にあとになってからだが）、わたしはその日何度か道を間違い、何キロか遠回りすることになってしまった……。もしかして陶酔のせい？　だとしても、ニコラ・ブヴィエが実に適切に記していたように、〈道中、最もよい出来事は道に迷うことである。はぐれてしまったとき、計画は思いがけない贈り物《サプライズ》に道を譲るのであり、そのとき、まさにそのとき初めて、旅が始まるのだ〉〔原註16〕――おまけに、お接待まで付いて！　小さな集落に迷い込んでしまったわたしを、自宅の戸口に座っていたほとんど歯のない小柄なおじいさんが見ていた。逆方向からまた通り過ぎるとき、彼がとてもおいしい桃をくれた。

第七番札所、十楽寺《じゅうらくじ》。第八番、熊谷寺《くまだにじ》。第九番、法輪寺《ほうりんじ》。わたしの参拝の動作も、だんだん上達してきた。

他の巡礼者にはほとんど出会わない。……まあ、相当どうかしてなかったら、こんな猛暑に徒歩で巡礼なんかしないのだろう。

第九番札所で休憩していると、にこやかな表情の男性が車を停め、わたしのほうに向かってくる。とても表現力に富んだジェスチャーを見ながら、わたしは彼が発しているわけの分からない言葉がおおよそこんな意味だろうと想像する。

「あなたの写真を撮らせてもらってもいいですか?」

わたしは承諾し、彼が、一流のパパラッチが使っていそうなレンズが付いたキヤノンのカメラを熱っぽく取り出すのを眺めていた。彼は芸術的構図を追求し、背景にあらゆる変化をつけて、シャッターをしきりに押した。前日のTVカメラといい、このプ、ロ、フ、エ、ッ、シ、ョ、ナ、ル、なフォト・セッションといい、わたしにいやおうなしについて回るヴェリー・インポータント・ピルグリム(VIP)のステイタスを、スター気取りで楽しんだ。そして、この出会いに乗じて、持ってきた基本会話の語彙集から会話の練習をしてみた。

「Sumimasen ga, yoyaku suru kuremasen ka ?」

結果は、あまり確かなものではなかった。が、そんなこと気にしない。道は続き、自信が統治するのだ!

と思ってはみたけれど、身体は疲れを感じ始めていた。リュックサックは肩に食い込み、アスファルトの道路を歩く足取りは重い。おまけに燃えるような大気につきまとわれてグッタリしてくる。そんなわたしを待っていたのは、第十番の霊場、切幡寺《きりはたじ》の333段の石段……。それに今回に限ってレッド・カーペットも敷かれてないじゃないの! 〈階段全体を見る必要はない。ただ最初の一段だけを上れ。次の段が、今の段の次にあるだけだ〉というのが石段を上る際のわたしのマントラになった。

その寺をあとにし、今日の「地平線」となる善根宿《ぜんこんやど》での休息に向けて出発。そうした簡易宿泊所はコンポステーラ巡礼路にもあるけれど、基本的に無料で巡礼者に開放されている。第十一番のお寺の近くにある善根宿の存在を、第八番の熊谷寺《くまだにじ》の女性カリグラファー《墨書担当者》が教えてくれたのだ。予約も不要らしいので、今日のわたしの行動には都合がよかった。

わたしは流れゆく風景を味わいながら歩いた。蛍光グリーンの水田と荘厳なる山々。そうしているうちに、雷雨が急襲の準備に入ったらしい。空気は重くなり、紺青の空は不穏なねずみ色に覆われ、突風が次々に反乱を起こし、そして、猛々しく荒れ狂った空に雷が炸裂した。これが日本で「雷雨」と呼ばれるものだとしたら、今、台風がこの国に襲いかかっていないことをむしろありがたく思わなくちゃ！ わたしは雨風をしのげる遍路向けの休憩場所をちょうど見つけることができ、そこに逃げ込んだ。まさに「適切な場所に、適切なタイミングで」それはあった。大師さまのおかげ《メルシー・クーカイ》？

弘法大師空海。模範的で統率力ある指導者としての名声があり、庶民の苦痛を和らげることに生涯をかけて尽力した、優れた人間的美点に恵まれたこの人物について知ったとき、わたしはただちに魅了された。卓越した文学者で、レオナルド・ダ・ヴィンチとも比較されるほどの彼の天才は日本の文化、文明に多大な影響を及ぼしている。彼は偉大なる僧侶であるのみならず、エンジニアで哲学者で詩人で能書家でもあり、日本の音節文字〈ひら仮名〉を創った人物とも言われる。要するに、この徒歩巡礼の同行者はたいへんな人なのだ！

豪雨が弱まるのを待っていたけれど、その気配がない。わたしは早くも、この一時しのぎの避難場所で夜を明かす自分を想像していた。しかし、それからもしばらく辛抱し、さらには空海へいくつかのおまじないを唱えたあとで、わたしは再び歩き始めることができた。しかし目指す善根宿は、わたしが近づこうとするに従って、蜃気楼のように後退していくように思われた。最後の数キロメートルが、際限なく続いているみたいだった。

唯一すれ違った、犬を散歩させている女性に話しかけ、善根宿の場所を確かめてみる。すると彼女は、わたしのあとについておいで、という身振りをして迷路のような小道を進みながら、力強く二本の腕をその顔の前で交差するのだ。その動作はわたしに、善根宿が閉まっていることを予感させた。……もしそうだったら、それは熊谷寺《くまだにじ》の女性カリグラファーの言葉を理解できなかった自分の日本語の能力のなさのせいなんだ、単に。自分本体への自信は失わないようにしよう……。

そして、ああ、事実はまさしくそのとおりだった。でも、そんなこと構うものか。「想定外」は旅行者の宿命なのであって、自分のなかの羅針盤でそれに対処していくものなのだ。この感じのいいご婦人は、そのすぐ隣にある巡礼者が風雨をしのげる場所を教えてくれ、そして去っていく。わたしをひとりそんなところに置き去りにすることについて明らかに当惑し、短からぬ時間、何かを考えていた様子だった彼女は、息を吸い込みながら頭をかきむしった。

わたしは心から彼女に感謝を伝えた。その簡素な場所で構わないという気にすっかりなっていたし、他のプランを考えるには疲れ過ぎていた。その夜の「セット《インテリア》」はこんな感じだ——道路に面した駐車場の敷地に建つ、木でできた、本当に小さな掘っ立て小屋。そして、その扉は閉まらない。……しかし、なんだかんだ言っても不安を覚える事態は起きる。夜のとばりに包まれたあとで、ひとりの男性が小屋のすぐ脇の駐車スペースに車を停め、なかから降りてきたときだ。彼は千鳥足で、深刻に進んだ酩酊状態にあった。わたしは避難所に入り、「警戒し続けよ」という自分の本能に従って、持ち主に忠誠を誓うライヨールのナイフを手元に置いた。何が起こるか分からないし……どうしてこの場面でニッコリできるだろう?

次にわたしが何に驚いたかって、30分ほどあとになって、さっきのワンちゃんを連れていた女性が、40歳くらいの男性(すぐに彼女の息子だと分かった)と一緒に車で戻ってきたことだ!男性は、携帯電話の翻訳機能による、シュールレアリスム芸術の大作を思わせる言い回しを経由してディスカッションを試みる。二人は、わたしがここで夜を明かすのは危険だと思っているみたいだ。男性は、「あなたをまず自分の仕事場に連れていくので、そこで泊まる場所を探そう」と申し出てくれた。数分後、わたしは彼の陶器のブティックの敷居をまたいでいた。そこには、洗練された小鉢、ラムキャン、お椀、ティーポット、優雅な形の大皿その他、品よくあか抜けた品物が趣味よく並んでいる。

「もしもし?」……

彼が電話で問い合わせてくれたところ、最終的にすぐ近くの旅館――タタミ&フトンのクラシックな宿――の部屋が空いていたらしい。それでも、今夜のわたしの守護神《エンジェル》たちは、きまりが悪そうにしている。というのも、その旅館では夕食をとることができず、近所にも食事のできる場所がないらしいのだ。わたしは、ただ疲れを取るために眠りたいだけなので、それ以外のことは全然問題じゃないんです、と正直に告げたのだが、情の厚い人たちは寛大にも、わたしを旅館に送っていってくれたのみならず、フリーズドライのスープ、ツナとサーディンの缶詰までくれた。世界の裏側で差し伸べられる手、人として助け合おうという親愛の情、ほろりとさせる心遣い……。そして食べ物、睡眠と安全が、ここ、暗がりから現れた守護神のたなごころによって差し出される。真の寛大さ、本当の思いやり、無条件の愛情。聞こえるのは心の声。人と人とのつながりを持とうとする自発的な振る舞い、こんなふうに差し伸べられ、護ってくれる、情け深い空海の手。

旅館では女主人がわたしを待っていてくれた。彼女は「祝福」のお風呂と、そして、なんとありがたいことに「神ディナー」まで用意していてくれたのだ――白米、きのこ料理、オムレツ、海草の鉢、焼き魚、それから色鮮やかで、味の取り合わせが豊かな、見たこともない食べ物の盛り合わせ。さらに彼女は親切にも翌晩の善根宿の予約までしてくれた。「ガイジン、アルキ・ヘンロ」であるわたしは、あらゆる敬意にあずかっている。「目覚め」に至るまでの道のりがまだこの先長いとしても、ひとつ確信する、見守ってくれる人がいるんだ、と。我らが人類の寛大さ。そのなかで、わたしの自信の貯蔵タンクは限度いっぱいまでチャージされる。この世界に働く目に見えない力に包まれ、しっかりと自分のなかに自分への信頼の錨《いかり》を降ろす。

こうした予期せぬ出来事があって就寝は遅くなり、一日で何日分も生きたような不思議な気分とともに身体はグッタリしている。消灯。今日という日に、この上なく満足する。

3　地面を踏みしめて

7月4日　苦しき高所

朝早く、どしゃ降りの音で目覚める。女主人は、わたしが早い時刻に出発できるよう、すでに忙しく動いていた。時差、酷暑、湿度に加え、到着後いきなり歩き始めたことが効いていて、わたしの身体にはまだ「疲労のしるし」が残っている。ここまでの道のりで疲れた筋肉は、そうやすやすとそれを忘れてくれないようだ。

おまけに、この一日はかなりハードなものになるだろう。第十二番目の寺院に向かう際の標高差がとんでもなく、その登り道は巡礼者に恐れられ、レオ・ガントゥレもまた、忘れられない記憶だと語っていた。しかし芭蕉が麗しく表現したように、風に乱れ、嵐にたわむところに、紅葉の美しさがあるのだ。わたしは自分を信頼することにした。新しい一日の地平線に歩を進めよう。

また、女主人は今夜わたしが泊まる場所のあるじから一本の電話を受け取っていた。十一番から十二番に至るまでのこのひと区間が、過酷で険しく、滑りやすく危険なことで有名な、(巡礼者を転げ落とす場所という意味の)「遍路ころがし」であるため、警戒が必要なことをわたしに充分認識させるためである。そう呼ばれている区間は、傾斜が急だったり、通るのに難儀したり、雨期には滑落の危険があるような、道として物理的条件の厳しい箇所で、十二番、二十番、二十一番、二十七番、六十番、六十六番、八十一番、八十二番、八十八番の寺院（札所）へ向かう経路がそれにあたる。女主人は、十二番へはここからバスで行けることをわたしに理解させようとし、不安の表情と共に繰り返すのだ。

「ヘンロ・コロガシ！」

しかし、そもそも歩き遍路であるかないか以前に、少々頑固な性格のわたしが自分の足でお遍路を成し遂げようという断固たる決意でここまで来ているのだから、とにもかくにも歩くのみ！かくしてどしゃ降りの雨のなか、魅力的な女主人が丁寧に作ってくれた貴重な支えとなるランチ用の弁当――小さなおにぎり数個と魚、海藻、野菜――を携え、わたしはこのたいへんな、そして忘れがたい一日の挑戦を開始した。

第十一番の藤井寺《ふじいでら》では、大きく丸みを帯びた薄暗い松の茂みの中央にもやがかかっていた。それが生者の頭の上から被せられた深さの知れぬヴェールのようで、人けのないその場所に不安を抱かせる光景を作り出していた。同寺院には長くとどまることなく先を急ぐ。

第十二番の焼山寺《しょうさんじ》を目指す、雲のなかの小道をゆく苦しい登山。それは、わたし自身を精神的な高みへ導く困難さと二重写しになって始まった。自然の地形が、あたかも自分の心の底にある「地形」を鏡に映したもののように感じられる。実際、四国の外面的な地形は、巡礼者の内面的な歩みと、存在の意味そのものの変態を暗示していたし、さらに言えば、この地形図を構成するあらゆる要素は、悟りを求める人間の意識のさまざまな階層にも、第八十八番の寺に近づくにつれて次々に目の前に現れる新しい次元にも似ていた。

上り坂は急激に始まり、シュル＝プラス〔訳註：自転車競技で、静止したままバランスを取るテクニック。トラック・スタンド〕をやっている感じだ。体力は、この厳しい坂の斜面であっという間に目減りしていく。地面は雨を大量に含んでとても滑りやすく、何度か落ちそうになるのをかろうじて免れる。顔は雨の涙でびしょびしょだ。身体は折れ曲がり、全身が苦しさにあえいでいる。一歩一歩がつらい。わたしはガックリくる。この状態をかわすいかなる方法もなく、フェイントをかけることもできず、出ていくドアもない。「自分は鍛え上げられた巡礼者なんだ」といった思い上がりはこんなふうにして剥ぎ取られ、健脚家ぶったうぬぼれも刈り込まれ、ひとつところに閉じこもった日常に恥知らずにも「別れ」などを告げて自慢たらしく悦に入っているところに冷や水を浴びせられるのだ。自分のもろさを受け入れる道、いきなり考えを覆えさせ、最も謙虚な慎み深さへと招き入れる道……。〈出発前、人は自分が旅行を作《する》るのだと信じるが、たちまち旅行があなたを作る、あるいは解体するのだ〉（ニコラ・ブヴィエ）〔原註17〕。

進むたびに霧は濃くなり、山の小道は夢と幻の境目のようなミステリアスな雰囲気に包まれていく。それでもわたしは、なんとかこの霧を突き抜けることに成功し、下界をさえぎっていた雲海の上で輝く太陽を浴びる自分を見出す。このときは、これが天界の光なのだと説かれている気分だった。この壮麗なるスペクタクルを目に焼きつけ、そして山の頂の心地よい陶酔が自分のなかにゆっくり拡散するにまかせた。小道は薄暗く濃密な森のなかに続いていた。これまでの道のりに疲れ切った遍路への聖なる激励のように、いくつもの小さな像があり、それらが示す先に広い道が通っていた。顔を上げると、威厳ある大木の足下に立っている大きな空海像とばったり出会う。そのときの強烈な印象が、またしてもわたしを謙虚な気持ちに立ち返らせる。

「ユミリテ（humilité／謙虚）」と「ユマン（humain／人間性）」はどちらもラテン語の〈humus（土）〉が語源だ――わたしがたいへんな思いをして、足を取られながらどろどろになって歩いてきたこのぬかるみ。ニーチェは〈人間的な、あまりに人間的な〉と言ったらしいけど、わたしはそこに〈粘土質の、あまりに粘土質の〉とつけ加えよう。前進することで、無駄な自信といらぬ確信を取り除かれる……紛れもない試練。慢心を灰燼《かいじん》に帰させる輝く炎……。その物質《マティエール》は決してあざむかず、わたしたちは結局のところ、謙虚であるときのみ、真に人間《ユマン》なんじゃないだろうか？

大地は、自分を人間的なものにするための実験室《ラボラトリー》に違いない。

そこから先、第十二番霊場の焼山寺《しょうさんじ》に着くまでの間、結局わたしはただのひとりともすれ違うことはなかったが、森のなかで気持ちが不安に飲み込まれ、どうしようもなく恐怖心が湧き出てくる息苦しい圧迫感に襲われながらも、わたしは自分を全面的に信用できていた。わたしに忠実なこの杖が、道中の貴重な仲間であることも明らかになった。
わたしの両脚――身体の歩哨でありスポークスマン――はしだいにずっしりと、その足取りが重く、のろく……いや、いいや、ものすごくのろくなっていく。筋肉はハードながんばりのせいで緊張し、身体中が痺れ、痛み、まとまった休息を要請しているくせに、それでもなお、前に進むための余力を見出すのだ。わたしの水筒はしばらく前にからっぽになり、あたりに水はなさそうだ。疲れ果て、息が切れたわたしは、よろけ、歌い、毒づき、怒った。自然の力を、標高差を、リュックの重量を、この長旅の計画自体を、現地時間に身体を慣らすための期間を一日も設けずに歩き始めた、アツくなっていた自分をののしった。

目印になるものを探そうとするが、わたしの地図は簡素なものなので、今いる場所と目的地の距離感をつかむことが難しい。巡礼者が案内人も地図もなく旅立った時代には、この四国の人里離れた自然や山岳地帯に入って、永遠に帰ってこなかった人も頻繁に出たらしい。現代に歩き遍路が少ない理由が今、分かった。年間15万人のお遍路のなかで、歩く人はわずか5％だという。

際限のない前進。この区間の終わりはどこにあるのか。飲み物と終点だけが欲しい。着実に進んでいると信じたいけれど、この疲れのせいで、その思いと実際のスピードの間にギャップが広がる。白状するけれど、わたしはつかの間、当初の高揚を見失った。突然自分が頼りなく、もろい存在に感じたのだ。けれどこの苦しい前進を続けているうちに、エラ・マヤールによる激励が、心の水面に浮かび上がってはパチパチ跳ねる小さな泡のように、不意に自分のなかに反響し出した。――「不可能」は、前進する者の前で後ずさりしていくのではないだろうか？　……そうだ、一歩前へ、一歩前へ、一歩前へ！　追加されるその一歩が、それだけで勝利なのだ。すべてが簡単にできてしまうのなら、わたしはきっと、神様に無視されたと思ったはずだ……。

陽の光が衰えた頃、両脚がいったいどんな魔法で十二番目の寺院までわたしを連れていったのか、自分で分からなかった。のちに知ったのだけれど、この十一番目の寺と十二番目の寺の間の区間には、プラス１６８２メートル、マイナス１０１２メートルの累積標高差があるらしい。まったく見事なバランスよね！

寺院の入口はカーヴした長い道の先にあり、その道の縁を飾るように、仏陀やその他の崇拝の対象の彫像が一列になって、苦難の一日を勝ち抜いた巡礼者を称えてくれる。またここでもひとしきり歩かなくてはならないが、これは表彰台によじ登るための最終努力だ。そしてやっと、わたしは、温かみのある、手入れの行き届いたお寺の敷地に達した。言い伝えでは、この山には火を吹く大蛇《おろち》が住んでいたが、それを空海がなだめ、人々に平和と安全をもたらしたという。今日では、蓮と鯉の美しい池、その脇にはぶらんこがあり、おどけた雰囲気の小さな仏陀たちが、すらりと伸びた木々に囲まれ、夕方の綿のようなもやに溶け込んでいる。雲の切れ目から、この日最後の太陽の遠慮がちな光線を感じ取ることができた。この寺に到達できて、本当によかった。リュックサックを下ろすことが、そして平凡なことながら、ずっと苦しんでいたのどの渇きを癒せることが、どれだけわたしをうっとりさせたことか！　恒例の参拝をこなすと完全にエネルギーが底をついた。ここから、森の濃密な暗がりや、滑りやすい道が続く今日最後の３キロを歩き出すのは実につらかった。

わたしの到着を待ってくれていたのは、善根宿の《すだち館》。弘法大師に深く心酔し、お遍路に献身的な素敵なカップルが経営している。彼らはコンポステーラ巡礼路の道すがらに出会う人たちにも似ていて、本物《オーセンティック》のもてなしにある温かさは、その誠実な心を鏡映しにしたものだ。宿主は共同寝室に案内してくれるが、この日はそこをわたしひとりで使ってよいとのことだった。次いで、彼は再びわたしについてくるように合図したので、今度は浴室に案内してくれるものだと思ったのだが……その後の一風変わった展開を記しておくと、彼はまずわたしに、自分の車に乗るよう勧めた。そして両手に白手袋を着け、その車を優雅に走らせたのだ。わたしは何が起きるのか分からずあっけにとられていたのだが、何キロか行った先の神山《かみやま》温泉で降ろされたときには、なるほど、と納得した。にしても、これは予想外の展開だった！

　地元の人たちが一日の仕事の疲れを癒しに来る大衆的な憩いの場所、そこに突然連れられてきて事情が分からずにいるわたしは、またもセンセーションを巻き起こす。着いたなりボーッと突っ立っているわたしを見て、何人かの女性たちが日本の浴場文化の習慣やならわしを入門指導してくれる。彼女たちは全員同時にはじけるような笑い声を上げながら、表現力豊かなパントマイムを用いて、ここでの作法を説明しようとしてくれるのだ。

　まず最初にすることとは、履き物を脱いで入口の仕切り棚に入れること。脱衣所で服を脱いだら、備えつけの籠に入れる。イヴの姿になったわたしを、ひとりのご婦人が女性用の浴場へ案内してくれた。なかは天井がとても高く、入口付近に、入浴者が使う腰掛けと洗面器が積まれている。壁に沿って、シャワーの付いた蛇口《カラン》が等間隔で並んでいて、それぞれのカランの前にはシャンプー、ボディー・ウォッシュ的なものがあって、自由に使えるようになっている。ホールの奥、大きなガラス窓の手前に複数の浴槽があり、お湯の温度には差がつけられている。わたしは、今日一日のつらい長歩きによって疲労と痛みに見舞われた身体を熱いお湯に滑り込ませ、大いなる悦楽に浸り、そして、気持ちを和らげてくれるこの雰囲気をゆったり味わう。

この間、白手袋のわたしの運転手は、車のなかで待ってくれているのだ。それって、ほんとにヴェリー・インポータント・ピルグリム待遇でしょう?

善根宿に戻ると、夕食の時間だ。親しみやすい台湾人の夫婦、レイとジェリーと一緒にテーブルに着く。彼らも八十八ヶ所霊場を徒歩で巡るのだという。それも新婚旅行で。後日談だが、彼らは四国で熱心に新しい家族の誕生を祈念し続けた結果、今はかわいい娘を持つしあわせな親になったのだそうだ。弘法大師のお力かしら!

一日の疲労に征服されてへとへとのわたしは、あっという間に深い夜に倒れ込んだ。

7月5日　頂と谷とを横切って

人間の身体の奥には、回復とエネルギー充電のためのものすごい能力が潜んでいる……この日、目覚めてわたしは本当にそう思った。昨日の肉体の疲れは一夜によって中和され、わたしは軽やかに、泊めてくれたこの家のお二人、そしてレイとジェリー(彼らも元気に回復していた）と、この家の犬（が特等席に収まった）との、朝のフォト・セッションに応じた。この写真も、世界各地からやってきたお遍路の顔が多数集められている壁の素晴らしい写真の「モザイク」につけ加えられるのだろう――快活そうな顔だったり、へとへとに疲れた顔だったり、誇りに満ちた、霊感を受けたような、傷つきやすそうな、冒険好きそうな、はつらつとした、真面目そうな、穏やかな、友好的な、開放的な、晴れ晴れとした顔が並んでいる、色調のヴァリエイション豊かなこのパレットのなかに。みんなこうしてそれぞれに歩いて目的地に向かっていたのだ。そしてその道は、同時に、というか、おそらく何よりもまず、その人の存在の真ん中へと向かっている。写真自体をあれこれ解釈する必要はないだろう。これらの存在のそれぞれが、心の陸地に向かうわたしの旅の相棒のように感じられる。

昨夜、納経所が閉まってから第十二番の寺に着いたレイとジェリーは、ご本尊さまと大師さまにお経を奉納したしるしであるご朱印を受けるために、来た道を引き返すという。

「See you very soon !（またすぐにね！）」

近い再会を確信して、わたしたちは別れた。

ということで、またひとりで歩き始める。自由の旗印に描かれる静寂。風景に見とれるために、これから始まる新しい一日を享受するために、完全に好きなように使える自由。〈ひとりで逃げる、ただひとりのわたしに向かって〉（プロティノス）［原註18］。

ところが、今日もまた、昨日の苦しい行脚の「こだま《エコー》」のような厳しさから始まる……。坂道は急で、リュックサックは肩に重く食い込み、最初の数キロのうちに早くも、両肩がこれまでにどれだけがんばってきたのかをわたしに主張する。うんざりさせられるじめじめとした蒸し暑さのせいで、身体が鉛に覆われてしまったかのようだ。森の木のふもとで、軽やかにくるくると回っている小さな赤い蟹たちがうらやましい。道を行くにつれ、休憩の回数が増えていく。脚が重くなって疲れを感じたら、すぐに羽が生えて身体が浮き上がる……なんてことはあり得ないのだ。

朝の時点では第十六番と第十七番の寺の間をこの日の「地平線」に定めたのだが、やっぱり謙虚になって、《民宿名西《みょうざい》》に泊まろうと決める。出発点から二十キロ強の、第十三番の寺の近くにある。民宿とは、一般の家庭が営む日本風の宿泊施設だ。

たとえ旅の当初は、その日その日の旅程の見通しとか宿泊の計画などの制約には縛られずに歩きたいと思っていても、この巡礼の地の文化には敬意を表さなくてはならない。従うべき礼節というものがあるのだ。日本の人は、明らかに不測や偶然を好まない。あらかじめきちんと約束が交わされ、それが実行されるのが基本だ。思いつき、アドリブは軽蔑され、そうした行動は日本の社会からは追放されているに等しい。

道端の低い石垣に腰かけて脚をぶらぶらさせながら、わたしは日本語会話ガイドのなかから、いくつかのフレイズを選んでみる。そして、切らずに発音するべき「まとまり」を何度か練習した。今夜もまた、痛む筋肉をオフロの湯煙りのなかでほぐし、そのあとユカタに袖を通し、最後にその薄い木綿のキモノが優雅に置かれていたふかふかしたフトンに潜り込む……その極楽のための、大切な魔法を間違えるわけにはいかない。番号をプッシュし、一連のセリフをこの先ずっと使えるように頭に叩き込むべく、わたしは思い切って、真剣に、話し出してみる。

「Moshi moshi ?」

「Ohayo gozaimasu.」

「Watashi wa Marie desu.」

「Furansujin desu.」

「Aruki henro desu.」

「Konban heya no yoyaku o onegai shimasu.」

受話器の向こうで、女性がわたしに受け答えしている。その言葉は混とんとしていて、それがすっと晴れる、というようなことはもちろん起きない。そもそもパリを発つ前に挑んだ日本語の入門修業は、わたしの意に反して〈すぐ話せる日本語〉メソッドの「レッスン1」から先に進んでいなかったし、おまけにその章のタイトルは《Kanai desu（家内です）》だった。つまり男性が自分の妻を日本語で紹介する方法は習得したわけだが、それが役立つ可能性はほとんどなかったわけで……。結局、旅立ちの日が差し迫ってしまったことで最終的に日本語の基礎すら学ぶことを断念したわたしは、常に手元に持ち歩ける基本会話ガイドを携行品に選ぶことにした。ひとたび歩き出せば、事はシンプルに運ぶだろうと固く信じて。

賭けに出たわたしは、電話の向こうの女性にこう繰り返した。

「Nihongo wakarimasen.」

「Domo arigato gozaimasu.」

「Yoruni ne！」

そして、うまくいったことを信じ、電話を切る。結果、わたしの楽観は正しかった。なされた応対は、賭けに見合った、とても感じよく魅力的なものだった！

ちなみに今日は、心のこもったお接待を頻繁にいただいた。エレガントな車を運転していた男性は、来た道をわざわざ引き返して、ミネラルを含む飲料水《アクエリアス》を下さった。これにはのどの渇きが癒えて、わたしの歩みの甘露となってくれた。他にも、氷／アイスクリーム、パン、オレンジ、トマト。それらは、元気に歩き続け、視界を先へ先へと進めよ、というわたしへの崇高な励ましなのだ。コンポステーラの巡礼者は大声で、「Ultreia e sus eia！（常にもっと先へ、常にもっと高く！）」と力強く叫ぶが、ここ四国では、お遍路さんを尊び、親しみを持って援助する宗教上の行《ぎょう》の熱心さが心を打つ。そんなとても多くの厚情に支えられていて、これ以上何を望むというのだろう？

その夜は、また新たに喜劇の女優となる。まさに浴場に入ろうとするその瞬間、西洋人の目に依然として難解であり続けている未知の漢字の連なりを前にして、当惑の深みにはまり込んだのだ。どちらが男性用で、どちらが女性用なの、と。どうしたら大恥をかかずに、この瞬間にそれを知ることができるんだろう⁉　原則として男性用のほうにはブルーで表示があり、女性用のほうは赤の表示があることをのちに知ることになるのだが、その時点でのわたしは、両方の扉の漢字を手元の日本語ガイドと照らし合わせるしかない。思うに、この瞬間、そしてこの体験は一度しかない。現実を把握しようとしている新鮮なまなざしはきっと力強く光っている。普段の習慣の範囲には存在しない、特別な、素晴らしい金《ゴールド》だ。ここに、この旅路で得た最初の果実のひとつを味わう。この四国の道は、学んだことのプリズムや、知っていることのフィルターを通してゆがめられることなく、まさに「今、ここ」に、よりはっきりと、確かに自分が存在している実感へと、わたしをすでに導いてくれている。自分の感覚をより敏感に研ぎ澄まし、自らを自由に存在させ、存在するがままでいること。子供のように、自分のまわりの世界を把握しようとしているこの「今」に、単刀直入に、居座っていること。

「Eh, Marie ! You, here !（あ、マリー！　会ったね！）」

わたしを呼んだのはレイだった。わたしの1時間後に到着した台湾のカップルとの再会のうれしさと、日中の暑さで疲れ果て、すっかり参ってしまった状態のなかで一日が終わった。それにしても、彼らは台湾で35度の気温には慣れているのだという……。わたしは冗談抜きで暑い……なんて表現で足りないくらい暑いと思っているのに！

夜の箴言――〈生きているというだけで、紛れもないしあわせ〉（ブレーズ・サンドラール）［原註19］。

7月6日　都会のジャングル

この日は、これまで自分が味わったことのないような、たくさんの小皿料理を前に始まった。わたしはここでも、見るものを自分の意識のなかにそのまま迎え入れ、感覚が敏感になって何かを発するその声に心の耳を澄ませた。この感覚のライヴによって刺激される、完全なる存在性の扉を開けるのだ。

日出ずる国の朝はとても早く始まる。歩き始める7時半頃には「明け方」は彼方に遠ざかり、太陽はジリジリ照りつけ、湿度も耐えがたい高さになっている。今日のルートには札所が集まっていて、ペースを落とさず、第十四番の常楽寺《じょうらくじ》、第十五番の国分寺《こくぶんじ》、第十六番の観音寺《かんのんじ》を回る。それぞれのお寺で同じように繰り返す動作。祈りは更新され、天へと運ばれる。

その間わたしは何度も道に迷い、反対方向に何キロも歩いてしまうという、「遠回りの贅沢」さえ楽しんだ……という件に関してはこれ以上コメントしない。第十六番の寺院で、車で巡礼している二人のお遍路さんが大きな身振りでわたしにサインを送ってきたので、大きくお辞儀をして応えた。コンポステーラの巡礼の旅がそうであるように、あらゆる年齢、あらゆる国籍、あらゆる思いが接し合う。丁重に「Ohayo gozaimasu」を交わすと、彼らはジェスチャーで一緒に写真を撮ろうと提案し、それが済むとこの一瞬の共謀関係は終了する。余計なおしゃべりはなく、そこにあるのは、存在の濃密な分かち合い。彼らはエレガントだった。全身白をまとい、手首に数珠、首にストール状の輪袈裟、そこに〈四国八十八ヶ所巡拝〉と聖なるマントラ〈南無大師遍照金剛〉が記されている！

わたしは鉛のように重苦しい太陽の下を再び歩き始める。自分の「持ち歌」を陽気に点検しながら。次いで、足取りを軽くする詩のいくつかも。

真の旅人とは、独りで旅立つ連中のこと
旅立つとあらば、心軽やか、風船のようだ
自分の運命から決して逸れることはない
そして、理由も分からず、常に言うのだ――「さあ、行くか！」と
（ボードレール）［原註20］

第十七番札所、井戸寺《いどじ》の名前は、水不足で苦しんでいた農民たちに援助の手を差し伸べるために、空海がこの地にひと晩で井戸を掘ったという言い伝えに由来している。その現存する井戸に関して、ある話が信じられている。井戸の底に自分の顔が映れば幸運に恵まれ、そうでないとしたら、それはよからぬことを暗示するというのだ。……ふぅ、わたしの前途は安心だ！

と、そこに、お遍路グループのバスが次々に到着する。納経帳や、掛け軸――ご利益を得るた

めに自宅の壁に掛けておく巻物――に墨のカリグラフィーやご朱印をもらうため、ガイドさんたちが忙しく動き回っている。もらったカリグラフィーを、ヘアドライヤーを使って一生懸命乾かしたり……。そうして人々がせわしなく行ったり来たりしているにもかかわらず、この寺院が醸し出すハーモニー、誇り高き穏やかさを感じさせる佇まいにわたしは魅了された。

わたしがそばを通ると、白人の肌色、明るい色の髪、青い目は、どうしても人々の好奇心をそそってしまう。そして共感と好意、それからとても親切な贈り物を頂戴することになる。

参拝の手順をこなしたわたしは、集団で唱える般若心経のマジックによって、自分がどこかに運ばれる感覚に身をまかせた。この朗詠法は、その音によって神聖な観念を響きわたらせると同時に、修行者を宇宙の次元――個人性を脱した意識の状態へと運ぶ。そこでわたしは、人類の全体と結ばれているという強い意識のなかに深く入り込んでいき、その感覚はその後もどんどん力強くわたしに寄り添うことになった。

わたしは、その織り重なる振動《ヴァイブレイション》を自分のなかに保った状態で次の目的地へと向かう。……というのは大げさな表現じゃない。徳島市までの景観は、牧歌的で魅力的なものとはとても言えないものだったのだ。街道、自動車道、高速道路、鉄道、工業建造物、環状交差点《ロータリー》、信号機、あらゆる種類の掲示板。このような産業地帯を通り抜けるつまらなさは、フランス～スペインのコンポステーラ巡礼路にも存在した。巡礼者が、美しい自然景観に包まれて歩きたい気持ちをこらえて耐えなくてはならない区間が何ヶ所か延々と続いたものだ。自然と親しんで歩くことを思い描いてきたわたしは今、耳が割れるようなエンジンの爆音のなか、そして肌に噛みつくような太陽の下で、アスファルトに食らいついている……。トラックと乗用車の絶え間ない往来が、わたしに警戒を強いながら、どこまでもつきまとってくる。街道はとても長かった。苦労の末、なんとかその日の宿泊地までを歩き抜いたとき、わたしの肌には壁がくっついているような、靴底には重いアスファルトがぶら下がっているような……そんな感じがした。

せっかく大きな街に着いたのだから、前から気になっていた「技術的問題」を解消しなくては。というのは、わたしのデジカメのアダプターが日本のコンセントに適合しないため、充電できないのだ。さっそく街に出て何軒かお店を回ったのだけれど、結果はむなしいものだった。そのあと、ショッピングセンターの電話売り場にいた若い女性販売員に説明を試みた。身振りやデッサンを駆使しながら説明したのだが、返答はネガティヴなものだった。途方に暮れていると、少し向こうからわたしに応対してくれた感じのいい女性販売員が、ハイヒールとタイト・スカートが許す限りのスピードでこちらに駆けてきた。うれしそうな顔つきで彼女は、引き出しの奥から見つかったというアダプターを差し出す。試してみると、それはまさにわたしが探していたものだった！　人生はわたしに、今この瞬間に必要なものを正確にくれる。もう感謝しかない！　わたしはよろこびが爆発するのを抑えられず、跳び上がりながら、この祝福されためぐり合いを抱きしめた。彼女も頬を薔薇色に染めて爆笑している。確かに日本ではごく稀にしかハグを目にしないし、それだって親しい者同士に限られる。彼女は「Present for you !」と繰り返し、わたしの感激を共有してくれた。

この出来事のおかげで散歩する力を取り戻したわたしは、この大きな街の、建物や食べ物、文化的な魅力をゆっくり楽しむことにした。奇妙なことに、突然、この街がさっきまでよりもずっと愛想よく、にこやかなものに感じられる。毎年この街で開催される夏のフェスティヴァル《阿波おどり》のせいだろうか、楽しそうにさえ見える。《阿波おどり》とは、遅くても17世紀には確固たる文化として定着していたらしく、日本に10万はあると言われるお祭りのなかでも最も重要なもののひとつだ。おそらく人数的に最も規模の大きな集団が同調するスペクタクルであり、踊り手と演奏者の総勢7万人が、毎年8月の4日間、全国からやってくる約200万人の観衆を前に、踊りと演奏を繰り広げるのだ。

この都会のジャングルのなか、わたしはある交差点で立ち止まり、宿泊所への帰り道を思い出そうと、お店の看板や、紙ちょうちんが数珠つなぎになっている飾りつけ、郵便局、自動販売機などの目印を自分で描き込んだ地図を見返していた。日本では通りに名前がついていないので、わたし事は必然的にややこしい！　そのとき、自転車に乗ったひとりの女性が話しかけてきた。わたしが道に迷っているから、助けてあげようと思ってくれたようだ。彼女に丁重にお礼を言い、自分に可能な最も美しい英語のアクセントを駆使して繰り返した。

「It's OK !」

すると今度は彼女が発音する番で、わたしはその日本風に調整された英語の発音に少しばかり面食らう。さらに彼女は、

「Ishoké ishoké?(いしょけ?　いしょけ?)」とわたしに聞きながら、明らかに困惑し、まごついている。そして、

「ちょっと待ってください!」

と畳みかけるように言って首を振るのだ。結局のところ彼女は、自分が今いるこの場所が街のどのあたりなのかを知りたがっていたのだった。誤解が解けると、わたしたちのこの遭遇は一緒に大笑いすることでオチがついた。

その日の宿では、「日本入門」の新たな科目《イニシエーション》がわたしを待っていた。それは日本のテレビだ。サムライの連続ドラマ、相撲、ローカルニュース、天気予報、音楽番組……。これって、自分では一歩も動かずに旅をしているようなものだ!　それに、本棚にはマンガがたくさん並んでいて、好奇心から読んでみると、まるで別の世界へ自分が運ばれていくような「絵の読書」に夢中になってしまった。本当に、いたるところに冒険があるのだ!

7月7日　甘美なる調和

自信満々で歩き始めたと思ったら、いきなり暑さにやられてしまう。20メートルくらい歩いた

ところで、ここまでの数日で疲弊し切って、暑さで消耗した身体が、わたしに「休め」と言っているのが聞こえた。我々は受肉《インカーネイション》をそう簡単には忘れないものだ！〔訳註：神性が人間の肉体に宿ったキリストの受肉になぞらえ、言うことを聞かなくなった身体と精神を相対化している〕 民衆の知恵が言うように、〈遠くへ行こうとする者は、乗る馬をいたわる〉のだ。肉体との契約がすべてで、そこに不正取引はない。というわけで引き返し、ホテルに戻った。今日の主題は「バッテリー」を充電し、自分を元気づけること。休息と回復の日にしよう！ 八十八番目の霊場まで、道のりはまだ長いのだから。

ならば絶好の機会だと思い、徳島城跡を取り囲む穏やかな日本庭園を散策した。この世のものとは思えない精気が漂うなか、キモノ姿の女性たちが優雅に行き来している。この庭園のありよう、その形状と色彩の調和に見とれていると、かなり高齢の、まるで身体を引きずっているかのように歩く背の低い女性が、懸命に、わたしの歩いている先の方向を示して腕で合図しているのが目に留まった。日本人は、日本のしきたりを知らない外国人に対して寛大だけれど、そうはいっても、わたしは、知らないうちに立ち入り禁止の場所を歩いていたのかしら、あるいは何か文化的なへまを犯してしまったのかしら、と正直戸惑う。そして寛容をお願いする心づもりで、恐る恐る彼女のほうへ近寄った。彼女の皺くちゃの顔は、まるで解読されるのを待つ長い物語が記された羊皮紙を思わせた（そのにこやかに輝くまなざしからするに、きっと、美しい冒険として生きられた物語だ）。汗のしずくが入って目が見えにくそうなそぶりを見せながら、彼女は、あたかもわたしの母語が日本語であるかのように話しかけてきた。もちろん、言葉は熱意では理解できないのだが、なんとなく、「あとをついておいで」と言っているように思われた。

この小柄なおばあさんにエスコートされ、わたしはまるで魔法にかかったように、徳島城の御殿跡の広間にいた……それもお茶会《ティー・セレモニー》の真っただ中に！　わたしは歓喜とともに、いにしえの宇宙に入り込む。穏やかな心地よさと極限的な洗練の世界がわたしに贈られたのだ。毎日、その日の分の思いがけない贈り物が用意されている！

靴を脱ぎ、タタミの上に正座する。この日本の伝統的な座り方は、太ももの下に脚を折り畳み、お尻をかかとの上に載せるのだ。色鮮やかなキモノ姿で見事な髪形《シニヨン》の優美な女性たちと、礼装の男性たちに囲まれる。そんななか、わたしは慣れない姿勢に苦労し、両脚が痺れ、こわばっていく。

セレモニーは、細かく決められた様式に従って進行するようだ。所作から衣服、素材から道具に至るまで、すべてに神聖さが漂い、気高さに向かっている。……というのは紋切り型の見方なのかもしれないが、想像力はかきたてられるのだ。この「美と簡素」の催しを前にする恍惚。わたしはその美学、そこから発散される気品に魅了された。その、かぐわしく繊細な香りを持つ濃厚濃密なおいしい飲み物の、ひと口ひと口を、味わいながらいただいた。先ほどの小柄な皺々のおばあさんから微笑みが届き、それで会話が成り立つ。〈有効な旅行の種類はひとつしかない。それは人間に向かって歩くことだ〉（ポール・ニザン）〔原註21〕。わたしもそれを実践している！　この〈人間に向かって歩くこと〉という言葉もまた、学生時代のわたしを惹きつけたものだ。そして、夏休みには、NGO《ギルド・ウロペエンヌ・デュ・レッド(la Guilde européenne du Raid)》の国際連帯ミッションで、生活インフラの整っていない地域でのヴォランティア活動に旅立つのが待ち遠しかった。レバノンをはじめ、マダガスカルやその他いろいろな国で、どれだけ多くの、素晴らしい、光り輝く出会いがあったことか！

わたしはお茶会のあと、この数々の伝説に浮かぶ島国日本では、七番目の月の七番目の夜が、星を祭る「七夕」であることを学んだ。そこには、気高く美しい機《はた》織り工の織姫と、牛飼いの彦星の間の、悲痛な愛の物語がある。二人が愛し合うようになったことで、織姫は神の世界を捨てて彦星のもとへ嫁ぎ、一男一女をもうけたのだったが、織姫の父は娘を見つけ、強制的に神々の世界へ連れ戻した。妻をなんとしても見つけ出そうと天上の神の国へやってこようとする牛飼いを妨げるべく、神々は二つの世界を、乗り越えることのできない天の川で隔てた。哀れな二人は、そんな仕打ちを受けて止むことなく泣き続け、神々は最終的に、年に一度、七番目の月の七番目の夜にだけ、二人が会うことを許した。そして日本人は、毎年この日の空にこの物語を投影する。琴座のアルファ星ヴェガ、すなわち織姫(織女星)と、わし座のアルファ星アルタイル、すなわち彦星が互いに近づき、天の川で互いに抱きしめ合うことを思い、この機会を楽しく祝うのだ。そこで、飾りつけた笹竹に、願いごとを書いた短冊を吊るすというので、わたしもここまでの日々に抱いたいくつもの願いを書く。この日の夜は、織姫と彦星が人間の願いごとを聞き入れてくれるというのだ。素敵な話じゃない？

日本文化の持つ気品、あらゆるものに見て取れる優美さに、わたしは心底衝撃を受け、心をつかまれてしまった。居住様式、庭園の調和、料理の洗練、礼儀作法の穏やかさ、美術と職人仕事の繊細さ、他者への細やかな向き合い方、伝統や教育の興味深さ、などなどに。驚きの視線のあとをついていくようにして、悦楽と歓喜のなか、この世界に引き込まれてしまう。ひとつひとつの行為やしぐさや歩き方は、それ自身が、そこにあるものへの儀礼《セレモニー》なのではないだろうか？もし、仮に日常が聖なる瞬間に満ちあふれているとしたら……。

一日の終わり、そぞろ歩きの最後に、わたしは偶然一軒のブティックの前にいた。その看板にはフランス語で、まさにその瞬間に感じていた思いと共鳴するかのように《douce harmonie《ドゥース・アルモニー》（甘美なる調和）》とあった。そう、甘美さと調和、まさにそれ……。

この国はわたしに戸惑わせる魅惑と静かなる衝撃を及ぼし、日に日にそれが増している。

4　シンプルな歓喜

7月8日　存在すること

新しい一日の、生まれたばかりの太陽のなか、わたしは快いリズムで歩き出した。身体は、どうやら昨日の休息に感謝している。パワーを取り戻したおかげで、自分が軽やかな風に運ばれているような気がする。学校に向かう、よく笑う子供たちの集団とすれ違った。見事に真っ白なシャツにマリン・ブルーのスカート、ズボン、ハイソックス、背中にはランドセル。子供たちと明るい「Ohayo gozaimasu」を交わす。

道すがら、新婚旅行中の台湾のカップル、レイとジェリーと再会し、十八番のお寺まで一緒に行くことにする。

「がんばってください！　気をつけて！」

背負ってきたものと年齢の重みで背中の曲がった老人たちが、活力ある声でわたしたちを励ましてくれる。遍路道では終始ありがたい言葉をたくさんかけてもらったけれど、やはりいつも力強い友愛の情がストレートに伝わってくる。お遍路の格好をしたわたしたち3人、太陽に襲われて参ってしまったわたしたちの影法師、そしてお接待は増えていく。オレンジ、あらゆる種類のお菓子……そのなかのメイド・イン・フランスのお菓子には、おまけとしてちょっとした愛国的自尊心までついてくる！

森の草地は涼しく、その恩恵にあずかりながら小道を行くも、足下は滑りやすく、少し急な上りとカーヴが続く。やがて、穢れなき青空を背景にして、第十八番札所、恩山寺《おんざんじ》の堂々とした輪郭が姿を現した。このお寺には子宝・安産祈願の女性が数多くやってくる。創建者はここを女人禁制にしていたが、この寺で修行していた空海を母が訪ねてきた際に女人解禁の修法を行ない、母を迎え入れたという。わたしはこの寺でひと休みした。

「Malie-san《マリー》 ?」（日本人は〈r〉を、〈l〉と〈r〉の間の音で発音する）

明るく声をかけてきたのは、目にした限りここにいる唯一の遍路である20代の若い男性。サンティアゴ・デ・コンポステーラのように、ここでも《Radio Camino《巡礼路》》［訳註：西ヨーロッパの巡礼者の情報共有サイト。ここでは「お遍路の情報網」の意］は機能していて、わたしの噂はこんなふうにあっという間に、本人より先に巡礼路に広まっている。そして、わたしへの共感と好奇心を抱いてもらえて、心を容易に開いてくれる。この若い男性はスピリチュアルな関心、動機から、第一の寺院から第十九の寺院までを歩いており、今後何年かかけて八十八ヶ所の全体を踏破するつもりなのだという。

日本人には、そういう方法で巡礼する人もいるようだ。

何キロかを歩いたあとで、飲み物と煙草の自動販売機（こうしたマシーンは日本の風景の一部になっている）が設置されるのにおあつらえ向きの日陰を見つけ、まさに身体が欲していた冷たい飲み物を飲みながら休憩する。するとひとりの男性がわたしの目の前で運転していた車を停め、今いる場所をわたしの地図上で教えてくれる。今夜、第十九番のお寺の宿坊に宿泊する予定のわたしなのだが……歩きながらの内的対話におそらく没頭し過ぎたのだろう……驚いたことに、何本かの道が交差するある地点で違う道に入ってしまったらしく、ざっと見積もってそのお寺を八キロも行き過ぎてしまったのだ。それは2時間分の距離に相当する。と、いっても、この天候から考えればその二倍の時間をみておく必要がある！

心にしみる親切……。なんと目の前の寛大なる人は、来過ぎてしまった分の距離をわたしが徒歩で戻る代わりに、エアーコンディショナーが効いた車に乗せてくれるという名誉を授けてくれた。わたしは、レースのカヴァーが付いたシートを、汗で汚してしまわないか心配だった。

「あ、マりーさん！　いらっしゃいませ！」

「Arigato gozaimasu. Konichiwa！ Hajimemashite.」

お寺に着くと、納経の証を墨書するカリグラファーである若く陽気な男性に迎えられた。この日唯一の宿泊者を、腕時計を眺めながら待ってくれていたようだ。わたしのかなり大ざっぱな数少ない日本語と、彼の発するいくつかの英単語で、なんとか分かり合っている。歓迎してくれた彼が、寺院内を案内してくれた。慣習的なご朱印、お接待として般若心経が書かれたものと、お茶、お菓子をいただいたあと、巨大な宿坊のなかも案内してくれる。宿坊は、この季節は閑散としているようだ。彼は大部屋――引き戸の仕切りで小さく区切ることもできる――を使うようわたしに告げた。わたしは、たくさんあるシャワー室のどれを使うべきか迷う。

17時。荷を下ろしてひと息ついたわたしは、夜のお勤め（法要）に参加する準備をした。彩色された天井、壁には曼荼羅が描かれた壮麗なお堂は魅惑的で、魂が高揚する。静かな雰囲気と和らいだ光が、この場所に有無を言わせない霊的な広がりを与えていて、思わず瞑想したくなる。お香の香りが、親密に、優しくタタミの匂いと混じり合ってわたしのなかにしみ込んでいく。僧侶の指示に従って三つまみの抹香を炭の上に落とすと、煙が螺旋形に、捧げ物として仏陀に向かって立ち昇る。そして一本調子の朗唱が、まじないのようにその不可思議な効力を現すのをわたしはじっと見つめていた。

そのとき、第二次世界大戦の恐怖のただ中にあったハンガリーでの、四人の若いハンガリー人のスピリチュアルな体験談をまとめた『天使との対話』の一節が心をよぎる。〈あなたの魂がこの世からそっと呼びかける詩《うた》は、物悲しくなく、陽気でもなく、過剰でもなく、少な過ぎることもなく、ただ「完全」なのだ〉［原註22］。「甘美」、「調和」、そして「完全」！

この遍路道でわたしは目覚めと自己改造への種子を見つけ、そして自分の存在の深いところへの接触を取り戻している。さらなる達成、さらなる成果と内的成長へ向かうために。

手の込んだ夕食（その間じゅう、わたしは料理人の女性のあらゆる思いやりを一身に受けることになった）は、甘く優しいデザートで締めくくられる。マンゴーとパイナップルのゼリーのフタには大きな活字が躍っていたが、その文句が、今まさにこのアジアの地に歩みを広げる自分にはっきり突きつけられている戒めそのものだった：〈When you eat this jelly, don't think, just feel!（このゼリーを食べるときは、考えるな、感じろ！）〉。考えず、ただ感じること。頭のなか《メンタル》の動きからプラグを抜き、今のこの瞬間を体験すること。ここに自分が存在することそのものを体験すること。自分のすべての感覚の体験のなかに、完全にいること。

寺の屋根に今日最後の光が溶け込んで金褐色に輝いている。地面をかすめる光は花々を燃え上がらせ、この巡礼地《サンクチュアリ》を金の花床にしている。わたしはこの風景の詩情に心をつかまれる。研ぎ澄まされた夕暮れ、荘重な静寂。そのとき、わたしのなかで、そしてわたしを取り囲んで、今、**生きている**命に対する、激しい感謝の念で胸が締めつけられた。「ありがとう！」を言いたくて仕方のない気持ち。そう《ウィ》、命、ありがとう《メルシー・ラ・ヴィ》！

わたしが日本に着いてから一週間が経ったけれど、ここまでの濃密な時間で、すでにどれだけ多くの冒険、経験をしたことだろう……この心を晴ればれとさせる場所で！ すでに一篇の物語。羅針盤の示すすべての方角で出会う甘美さ、ハーモニー、絶頂感。でもって、これがまだ始まったばかりだっていうんだから……。

7月9日　平静

生暖かい朝もやのなか、わたしは靴底に、前日の熱意と、さらなる活力をみなぎらせて、新たな8キロを踏み出した。道路は狭く、交通量も多い。リュックサックすれすれをゆく絶え間ない車の流れに、最大限の警戒をしなくちゃならない。「ブーーーン」となるこれら怪物の傍らで、自分がとても脆弱な存在に思える。すると突然、コースはひなびた道のほうへそれ、森を抜ける急な上り坂で静けさの幸福を取り戻した。この道の先に、第二十番霊場があることが、小さな木製の看板（漢字の違いを識別できるようになった）に記されている。アスファルトじゃない道を歩くのがとてもうれしい。木の茂みに覆われた森の小道で、陽の光が踊っている。メタリック塗装されたような光沢のあるトカゲはほとんど幻想的なアート作品のようだし、小さな赤い蟹たちは、誇り高い松の木と華奢な竹のゾーンの間を敏捷にかき分けるように移動している。いわゆる難所のひとつとされる、標高550メートルの山頂までを歩き切ったところにある第二十番札所、鶴林寺《かくりんじ》に到着。そこには、バスで移動しているひとつの遍路グループがいた。彼らはお経の感動的な集団朗唱を、熱心に天に届けていた。わたしは受け入れ、味わい、その生き生きとしながら内省的な波動が自分の存在の隅々に拡散するのにまかせた。

このお寺を出ると、遍路道は緑に覆われた谷へと入り込む。その谷底の、太陽と柔らかな抱擁を交わすような、きらめく川筋に沿って進んだ。この旅には、探さなくても静寂と平穏がひとりでにやってくる。それから、よろこびも。……例えば第二十一番の「大きなドラゴンの寺」太龍寺《たいりゅうじ》でのレイ、ジェリーとの再会。

「Oh, Rae and Jerry, my dear friends henro !（オー、レイ&ジェリー、親愛なる遍路の友よ！）」

「Oh, Marie, our henro hero !（オー、マリー、我らが遍路ヒーロー！）」

「How are you ?（調子は？）」

「So lots of up and down and so hot hot hot !（上り下りが激しいわね。あと、やっぱこれは暑いわ！）」

なんと見事な霊場《サンクチュアリ》だろう！　わたしは入口の鐘を鳴らし、その振動《ヴァイブレイション》を感じながら、空を撫で、雲をかすめるこの場所の素晴らしさに心打たれる。たくましいエネルギーと、手で触れられるような平穏と、力強さと、終わらない安らぎが、この場所から同時に発散されている。建築物それ自体の配置、花壇の気品、この空間を抱く木々の優美……すべてがただただ調和している。この場所を歩くことに大きなよろこびを感じ、わたしは瞑想に誘われた。この情景の、人の手が作った部分と自然の美との相互浸透を感じながら、わたしと、わたしよりも遥かに大きく繊細な存在との間のそれにも思いを馳せる。ここは、聖なる風の吹くところ。

誇り高そうに紫の輪袈裟を首に掛けた20代の男性遍路が、親しげに近づいてきた。

「Eh！ Malie-san !（あー！　マりーさん！）」

「Radio Camino, konichiwa !（ラジオ・カミーノ、こんにちは！）」

「I saw you… photograph… Sudachi-Kan.（わたし、あなたを見ましたよ……写真……《すだち館》）」

その彼が、境内のひとつのお堂の天井に描かれた、驚くべき昇り龍の絵に案内してくれた。そして額に汗の玉を浮かべながら、ジェスチャーを交えて情熱的に、「ドラゴンは人間の内的な強さを象徴しているんだ」と説明してくれた……のだと思う。墨書してくれた僧侶から、そのパワーが表現されたような赤と金の龍のカードをもらうと、痛んでいた身体中の筋肉が癒されていくような気になった。

17時。宿泊場所へのロープウェイの最終便が出発する。目の覚めるように美しい渓谷を降りていくのだが、その高さに目がくらむ。谷間を抱く、もやのかかった山。その頂に、これからまた別の国へと向かう太陽の光がきらめいている。言葉を失う自然の美！

「おー！　マ、マ、リーさん！」

「えー！　すごいねー！」

天然温泉が評判のホテルに到着すると、満面の笑みをたたえたまた別の遍路に声を掛けられる。彼もまた《すだち館》の写真でわたしを見たのだそうだ。人の注意を引かずに歩くのはまったくもって難しい！

大浴場の大きな浴槽を独り占めしてゆっくり温泉を楽しんだせいか、その湯気で身体が気だるい。夕食で、徒歩とタクシーを組み合わせて移動しているという4人の日本人遍路グループと一緒になる。浴衣姿で寛ぎ、「乾杯！」。アサヒ・ビールを注いだグラスをぶつけ合うカチッという音と大きな笑い声とともに、この日の晩は軽やかに流れていった。

7月10日　穏和《パシフィック》な

愉快な仲間たちと朝食で再会し、彼らと昨日の二十一番札所まで引き返す上りのロープウェイに一緒に乗ることにした。またロープウェイに乗った地点まで戻って、そこから第二十二番の寺院に向けて歩いて下るためだ。堅物の歩き遍路たるわたしは、歩く距離を短くするようなことはしないよう心に留めている。夜明けの繊細な光のなかで足下に広がる風景に、昨日と同じく目を奪われた。山の金色の稜線は、愛情を込めて空を優しく撫で、よろこびで輝いているように見えた。生まれたばかりの太陽の柔らかな光線が谷間全体にあふれ、地形のレリーフを際立たせ、「天地創造」を称えるかのように、この世の美しさを賛美している。お寺から放射状に広がるこの雰囲気に、わたしはただただ感嘆し続けた。この場所の魅力に惹きつけられたわたしは、精神集中へといざなうこの自然空間を少し歩き回ってみる。

その後、遍路道は、エメラルド・ブルーの川が流れている険しく切り立った谷間に入り込んだ。わたしの歩調は、その澄み切った水が奏でる水晶のような音楽と調和する。森に入ると光は、そびえ立つ松の木々の間で波打ち、一方では堂々としたセイヨウアジサイと戯れ、あるいは茂みと岩場をすり抜ける。ほとんどこの世のものとは思えない色彩のトカゲや、食いしん坊の蚊、その他ありとあらゆる昆虫、話好きな猿たち、この先、毎日のように出会うことになるヘビ。まるでノアの箱舟だ。

ヘビに噛まれることだってないとは言えないのだから、その際にできるだけ冷静に対処するため、あらかじめ対策を立てておこう。はっきり言って、それが本当に役に立つかどうかは分からないけど、そうなったときに不安で固まってしまうよりは、前もって準備しておくことで安心できる。インディ・ジョーンズだってヘビが怖いんだし！

まず第一に、慌てないこと（絶対無理だと思うけど、ま、一応計画として）。第二に、バンダナで圧迫帯を作り、毒が身体に広がるのを抑えること。第三として、毒を排出させるために、ライヨールのナイフを使って切り傷をつける。そして最後、できる限り平静に人の住んでいる場所に向かい、身振りと絵を描いたりして、自分の身に起きたことを理解してもらい、治療を受ける。

そんなことを考えているとき、思いがけない人たちに出くわす。手に鉄砲を持った3人の男たちがわたしのほうにやってくるのだ。何が、この奇異な武装をした、この場所にしては少々威嚇的な存在の正当性を証明し得るのだろう？　彼らが物まね芸をたっぷり駆使して、わたしに疑いの余地をまったく残さないように説明してくれたところでは、彼らは猿を狩っているのだというのだからわたしは当惑した。そのあとで分かったことには、猿たちはこの地方の貴重な主食である稲を食べてしまい、大きな損害を与えているのだという。そんななかで話題がわたしの居住地に及ぶと、それは不可思議で魅惑的な支配力を持つ、紛れもないマントラとして作用した。

「おー、パり《Palis》、パり《Palis》！」と、口々に繰り返す彼らは、ヴァンドーム広場［訳註：パリ1区にある、高級ホテル、ブティックなどの超一流ブランドが軒を並べる広場］の宝石店の陳列窓の輝きと同じくらい目をキラキラさせるのだった！

第二十二番目の霊場である平等寺《びょうどうじ》では、長い、勾配の急な石段に迎えられた。遍路道では、必要とされる肉体的努力を絶対に過小に見積もってはいけない。寺院はそのほとんどが丘の、あるいは山の高いところにあって、そこに到着するにはほぼ例外なくたいへんな数の階段を苦労して上らなくてはならない。そしてその数は、５００段に及ぶこともある（わたしの両脚は、いまだにあのつらさを覚えている！）。そういうわけで、一部のお遍路さんは、徒歩と交通機関を交互に使ったり、あるいは自動車、タクシー、自転車やバイクで回ったりする。ただ、大多数の日本人巡礼者は、バスによる巡礼ツアーという方法を選ぶ。それでこの島を一週間でひと回りするのだ！

ご朱印をくれた女性が気前よく、わたしの水筒を冷たいお茶でいっぱいにしてくれる。

「Yoyaku suru dekimasu ka ?」

彼女は田井ノ浜ビーチを強く勧め、親切なことにそこにある旅館を予約してくれた。「タイノハマ・ビーチ」という音に、魅惑的な新しい世界を想像する。太平洋のまばゆい海、広大なきらめく砂浜……。またしても、わたしを陶然とさせるものが待っている。そう、今夜わたしは太平洋《ル・パシフィック》に出会うのだ！　甘い約束をたくさん交わすデートの日を待っているような、熱に浮かされたような感じだ。

小さな村を通ったところで、ある自動販売機の陰にあった涼しそうなベンチで小休止することにした。そこに腰を下ろすやいなや、向かいの家から85歳だというおじいさんが、鋭く、かつ熱を帯びた目で微笑みながら出てきた。わたしはどこにいても、人を驚かせてしまうらしい！　彼は隣に座ってお決まりの質問をしてきたので、よろこんで応える。どの質問にはどう答えればよいか、そらで言えるようになり始めていた。

「Watashi wa Marie desu.」

「Furansujin desu.」

「Paris kara kimashita.」

「Aruki henro.」

「Hitori.（この言葉を発する際は、片方の手の人さし指で上方を指して強調することが望ましい）

［訳註：「h」に発声する習慣がないフランス人の発音では「イトリ」になってしまって通じにくいからこう書き添えているのだろう］

「Atsui desu ne ?」

そのおじいさんは、自動車で二度、四国八十八ヶ所巡礼を行なったことを誇らしく教えてくれた。わたしは彼に納札《おさめふだ》を贈った。その小さな帯状の紙は、もらった人のお守りとなる。彼は激しく感激し、一瞬いなくなると、見たこともない色のフルーツゼリーをいくつも抱えて急いで戻ってきた！　わたしはちょうど、まさにそういうものが食べたかったのだ、元気にこの先を歩き続けるために。

海はすぐそこのようだ。湿っぽい空気のなかに、海藻と濡れた砂の匂いがする。わたしは、活力をくれる海のエネルギーを強く感じ始める。最後の曲がり角を曲がると、突然キラキラと輝く広大な景色が現れた。その光がまぶしい。わたしはこの先の数百キロを一緒に歩く相棒と出会ったのだ。うれし過ぎる！

「目覚め」はここに出現する――この瞬間、自分の目の前の状況に対して、自分が目いっぱい存在していることのなかに。

この夜わたしは、中庭《パティオ》を迷宮のように階段と廊下が取り囲む建物で、海の軽やかなささやきに揺すられながら深い眠りに落ちた。

7月11日　平和

午前5時にもなると、陽の光が瞼をくすぐり、ニワトリの「コケコッコー」（ここでは「ココリコ」じゃない、ニワトリも日本語で鳴くのだ！）が鼓膜に意地悪をし始める。それで早い時間に目が覚めた。

右足、左足、右足、左足、アスファルトに当たる金剛杖の鈍い物音と、そこに付いている鈴の軽い金属音、「3本脚の生き物」となった自分が奏でるそのシンフォニーに夢中になりながら、空の青が海に消える水平線のあたりをずっと見続けた。道は信じられないほど美しく、太平洋は最も贅沢な舞台をわたしに提供してくれる。

　ひとりの漁師が、今日獲った魚をうれしそうに見せてくれた。深い皺の刻まれた顔は、大自然のなかで生きてきたことを物語っている。彼は、魚を切り分けるのに使う錆びたはさみをわたしに差し出し、「お接待！」と言う。それが何の役に立つのか分からないが、しかしお接待を断ってはいけない。そこに、大きな帽子と長袖シャツで日焼けから身を護ったひとりの女性が、息子と、よくなついている子犬を連れてわたしたちに加わった。わたしは二人にも納札を渡すと、彼らはそれぞれ、わたしのために祈願の言葉――〈safe way, good day, good job〉のような――を書き込んだあとで、幾らかの硬貨を添え、次のお寺に納めるようにと返してくれた。

　わたしは再び歩き始める。リュックサックは何グラムか重くなったけれど、それよりも、心がこの素敵な出会いの思い出を積み込んだことが重要だ。短い会話でも、ひとときを分かち合うことで心は開く。あなたとわたし、わたしたちはひとつのものに過ぎない……。あなたとわたしは、同じひとつの人間性を持った存在。共通した同一性が、わたしたちを勇気づけ、魅了する。人生という大きな織物のなかに、わたしたちの存在が見えない網目のように織り上げられている。わたしとあなたの魂同士が挨拶を交わし、互いの心のなかにある同じ場所を認め合う――わたしたちに共通するすべてのものがある、その場所を。あなたはわたしの分身で、わたしはあなたの分身。生命の、ひとつの同じ表現行為。人類は根本的にひとつ。すべての人間との信徒共同体だ。

右足、左足、「タック」「カラン」……

「Marie, Marie !」

歩く努力に集中したり、自分自身との対話で気晴らししたり……その繰り返し運動は、大切な台湾人の仲間たちからの突然の呼びかけで中断する。今朝出会った漁師から、わたしが彼らの先を歩いていることを聞いたらしい。ラジオ・カミーノ！　再会し、お互いに冒険譚を交換するのはとてもうれしい――ヘビを何匹見たか、その数を競いながら！　そしてわたしたちは、ウミガメが産卵に来たばかりだというこの海岸で、再び別々になった。

この地に襲いかかる暑さは圧倒的だ。第二十三番の寺院、薬王寺《やくおうじ》に到着した午前11時、温度計は日陰ですでに38度を示していた。この寺は、遠くの山々まで広がる平野の上に突き出たような位置にあるせいで眺めが素晴らしい。仏教で災厄の多く降りかかるとされる年齢、厄年にあたる参拝者が厄除けに訪れるらしい。その年齢のなかでも大厄とされるのが、男性ならば42歳、女性ならば33歳。それゆえ、本堂と大師堂へ向かう石段の、男性は42段からなる〈男厄坂〉を、女性は33段からなる〈女厄坂〉を上りながら、一段ごとにお賽銭の硬貨を置いていく。空海自身も、42歳の年にこの寺院を訪れ、厄除け祈願をしたという。かなり人間味のある人だ。

このお寺にいる間に、ひとりの感じのいいドイツ人女性と知り合った。日本を愛し、25年来この国に暮らしているという。彼女は昔を懐かしがりながら、それ以降すっかり変わってしまった風景への失望を語った。昔ながらの広場に巨大商業施設が建ち、自然を壊して次々に住宅が建設されてきたことなどを。

右足、左足、右足、左足、杖をアスファルトにつくときの柔らかい音、鈴のカランという音色、国道55号線の怪物たちのブーーンといううなり声。ホテルの建設現場の脇で小休止していると、椅子と冷たい飲み物が運ばれてきた。持ってきてくれた人は、心の底からの、まるで宝石のような笑みを浮かべていた。そう、あなたとわたし、わたしたちはひとつのものに過ぎない……。世界の、そして現代の大きなカンヴァスを織りなす、無数の不思議な糸によって結ばれた……。そのとき、マーティン・ルーサー・キングの思慮深い言葉を思い出す。〈我々は、兄弟のように一緒になって暮らすことを覚えなくてはならない。さもないと我々は、愚か者のように全員一緒になって死んでいくだろう〉。あなたとわたし、わたしたちはひとつのものに過ぎない。

牟岐《むぎ》港はまだ先だ。どのくらい先か見当をつけようにも、手元の地図は大ざっぱで的を射ない。わたしは休憩を取りがてら、あるブティックに入って道を尋ねた。すると4人がかりで、コピーした地図に注釈をたくさん入れながら、丁寧に説明してくれた。あなたとわたし、わたしたちはひとつのものに過ぎない。道中のリフレイン。

ところが、やがてこの天使のような人たちは心配そうな顔になり、わたしがこれから牟岐港まで行っても、今夜泊まることになっている出羽島《てばじま》まで行く最終の連絡便には間に合わないおそれがある、と言う。そう聞いてわたしは牟岐港へ急ぎ、着いたときは17時を回っていたものの、なんとか船には間に合うことができたのだった。

船から降りると、筋肉質で身体のがっしりした52歳のサーファー、カズヒコが、あふれるような笑顔でわたしを迎えに来てくれていた。白髪交じりの長い髪をポニーテイルに束ね、波が生き甲斐になっている人らしい日焼けした顔色をし、まなざしのなかに海の広さを映している。わたしは、港を見下ろす彼の住まいまで、彼の細長く優雅なシルエットについていく。それは海を背にした黄色い家。マキシム・ル・フォレスティエの〈丘を背にした青い家〉みたいだ［訳註：パリ生まれの有名シンガー・ソングライターの有名曲「San Francisco」の歌い出しのフレイズ。その直後に後述のフレイズが続く］。みなさんご存じのように、その青い家に〈みんな歩いてやってくる。ドアはノック不要。住んでる連中が鍵を捨ててしまったんだ……〉。あれ!? また鍵を捨てる話だ。ほんとにこの道には茶目っ気がある！

家のなかに入ると、目につくのは大きな部屋。家具は少なく、しかし日本の伝統的な、いろいろな使い方のできる部屋で、台所、寝室、あるいは居間にもなる。床は、ベッドのマットレス台の代わりにもなるタタミ。天井の何枚かのサーフボードが、わたしがここで過ごす二夜の天蓋となる。

このゲストハウスでは、台湾から来た若い女性二人組と一緒だった。彼女たちはウーフィング（無料で寝る場所と食事を提供してもらう代わりに日々の仕事を手伝う）の要領で、ここで2

週間を過ごしに来ている。カズヒコと彼女たちと共に最高の夜を過ごしてしまったら、その翌日、どうして、大洋の波が砕けるなかで陽気さが充ち満ち、カズヒコの気さくな笑い声とギターの音色、ハーモニカと温かみのある声が溶け合う、この天国の人目につかない片隅をあとにしたいと思うだろうか？　白い犬シャンティ（素敵な名前だ！）［訳註：サンスクリット語で〈心の平安、平和〉といった意味］もいる。そのシャンティは、この家の真っ白い猫とうまくやっていて、これだけ太陽の激しい襲撃を受けてもなお白い肌をしたわたしも、彼らとしっくりいっている気がする。この場所のキーワードは、〈シャンティ、シャローム、ピース〉！　とてもリラックスできるところなのだ。

7月12日　かくあれかし！

みんなのしあわせなエネルギーが行き渡っているこんなマジックな場所で、一日しっかり休めることがとてもうれしい。朝の早い時間からキッチンの窓を通して見る外の風景は、毎日の幸福に通じる蜃気楼のようだ——見渡す限りの海！

わたしはカズヒコと、その女友達のマナミに、サーフィン見物に誘われる。引いては寄せる見事な波を、熟練の技で滑るように優雅に乗りこなす彼らを見ていると、わたしもまるで海の呼吸するリズムに引き込まれるみたいで、それはとても素晴らしい体験だった！　人間と自然との間の、とても快い相互浸透。太平洋のひんやりとした水の浮力で自分の身体が軽くなり、波間で柔らかくほぐれていくことの気持ちいいこと！　想像力が目を覚まし、そのとき新しい景色が目の前に広がった。北斎の有名な版画――かの日本の押しも押されもせぬ大巨匠の波の芸術――が目の前の動く絵画に重なり、わたしを優雅な空想へ引きずり込んでいく。

　その夜も、昨晩と同じように音楽と歌の夕べとなった。さらに今日は、マナミによるハワイのダンス、フラの楽しいレッスンが花を添えた。またしても、みんながひ、と、つであることを心の奥で感じられる素晴らしいひととき。ビートルズ「レット・イット・ビー」の歌詞が、混じり合う5人の声で感動的な祈りのように響く……楽器が心臓として鼓動する、生きている音楽として。そう、「Let it be, let it be……」、「かくあれかし《レット・イット・ビー》！」。この瞬間ほど、この言葉がふさわしく思われたことはなかった。

　夏の気候の心地よさのなか、わたしは天空に身を浸すようにして呼吸している――生きている幸福を――わたしのなかにもまわりにもこの生命を感じる幸福を――有史以来変わらない、活気ある呼吸を感じるしあわせを――今、ここにい、る、ことの偉大なる実感を……。完全なる瞬間、〈人がいたるところで幸福である希有な瞬間〉（ジュール・ルナール）［原註23］のひとつ。

7月13日　悦楽

もう、別れのときがやってきた。胸が締めつけられる思いで主人たちに別れを告げ、この、気取らず、輝くばかりの幸福が統治する地上の楽園をひとり淋しくあとにする。ニコラ・ブヴィエが言うように、〈旅すること、それは結びつくこと、そして離れること〉なのだ。カズヒコがわたしを引き寄せて抱きしめる。マナミも同じように抱きしめてくれた。

船が島から離れていく。わたしは、こちらに大きく手を振るこのひとときの友たちがだんだん小さくなっていき、泡立つ波がわたしたちを隔てるにつれて、彼らの顔立ちがぼんやりと消えていくのを見ていた。


牟岐港に戻ると、海岸沿いを果てしなく延びる美しい国道55号線との再会だ。最初の数キロを歩きながら、心ゆくまで出羽島の遠景を眺めていた。島での「つながり」は本当に素晴らしかった。あとになって写真を見返したり、録音した「世界のメロディー・ショウ」を聴いたりすれば、そのプルースト効果で間違いなくグッときてしまうだろう。あの世界の小さな片隅が、今、水平線に霞んで見えなくなった。それでも、心のつながりは変わらず、忘却のなかに消えてしまうことはないのだ。

右足、左足、右足、左足、「タック」と杖がアスファルトに当たる鈍い音、「カラン」と澄んだ鈴の音……。道が美しい。誰にも所有されない海の威厳。そして、行きずりの人間に対しても気前よく踊る、その波打つ水泡のダンス。わたしは海のリズムに合わせて息を吸い、息を吐き、その海はわたしの目の前でほっとしたり、ため息をついたりする。浜辺が、しだいにコンクリート堤防の向こう側に消えていく。その堤防が、海の恐るべき猛々しさ、その絶え間ない脅威から村人を護っている。等間隔に設置されたパネルは、大きな津波が陸地を飲み込みに来たときの避難所を示している。だけど今日の太平洋《ル・パシフィック》はまさに、その名前どおりの表情だ。穏やか《パシフィック》な波がひたひたと押し寄せ、砂浜で息絶える。そんな静けさを目の当たりにしていると、激しい荒波が襲ってくることや、その甚大な破壊力などはとても想像しにくい。心の底に子羊とドラゴンを飼い、最良と最悪の部分を、心の平静と情熱の爆発を、深い安らぎと炸裂する暴力を持っている人間の映し鏡のようだ。

　景色は徐々に絵はがき風になっていった。牧歌的な海水浴場、さらさらした砂浜、バーや売店、秩序を保って波を待っているサーファーたち。遍路の装いをした自分が、古い時代から、あるいは別世界から抜け出てきたかのような奇妙な感覚に襲われる。

　今日もまた、わたしはお接待の優しさに満たされた。お茶、コーヒー、お菓子、そして、顔を拭いてさっぱりするための冷蔵庫で冷やされた濡れタオルなどをいただくなかで、生きた友愛が湧き出る、尽きない源泉に浸かっているような気になる。親切な手をどれだけ差し伸べてもらい、温かい言葉をどれだけかけてもらっていることか！　広大無辺の心遣い。ひとりの釣り人が、乗っていたバイクを道端に停めてわたしを励ます。

「がんばってください！　気をつけて！」

「Arigato gozaimasu !」

彼はわたしのために、どこかへ行って冷たいお茶のペットボトルとお菓子を手に戻ってきてくれた。あなたとわたし、わたしたちはひとつのものに過ぎない……。ひとつひとつの出会いが、まるで人間という生き物の精髄《エッセンス》を静かに祝福しているようだ。なんという思いやり！　もし、〈ヒマラヤの王国では、歩く者《巡礼者》は王子であり、崇拝の対象であり、小さなヴィシュヌ［訳註：ヒンドゥー三神のひとつ］である〉（ジャック・ランズマン）［原註24］のならば、この富士山の王国における巡礼者は、間違いなく絶対的な存在であり、神であり、小さな仏陀なのだ！

　この日の午後、最後の休憩地のコーヒー・ショップでアキと会う。カズヒコの友人で、親切にも今晩泊めてくれるのだ。アキと彼女の13歳になる息子は、1年前、北日本、福島から離れ宍喰《ししくい》［訳註：徳島県海部郡］へと越してきた。そして最近引っ越したばかりだという小さな素敵な家に連れていってくれ、フレンドリーで寛いだ雰囲気のなかでもてなされた。夜は日本語とフランス語の愉快な勉強会になった。好奇心旺盛でいたずら好きのこの少年は、わたしが教えたいくつかのフランス語を発音することを面白がり、わたしにも日本語の表現をいくつか繰り返させては、わたしが熱心に覚えようとしているのに、わたしの訛った発音をゲラゲラ笑っている。

　彼がわたしに気前よく貸してくれた部屋は、落ち着いて目を閉じるのが困難なほどにむっとする暑さだった。回る扇風機の羽根は、生暖かい風を作り出すのがせいぜいで、そのなかを蚊の大群が一晩中、熱烈な舞踏術を繰り広げた。わたしの皮膚は飢えたヴァンパイアたちにとってのダンス・フロアとなり、朝起きると肌がちょっとしたミラー・ボールだった。七月十四日にはぴったり、ってことね！〔訳註：細かい鏡の小片が敷き詰めてあるミラー・ボールを、フランスの女性はよく肌に多数のブツブツができた状態の喩えに使う。この日はフランスの革命記念日。同国最大の祝祭日のお祭り気分にかけたジョーク〕

第2章

《軽やかさの鍵》

第二十四霊場～第三十九霊場［土佐（現：高知県）］

修行の道場

離郷、無拘束、リスク、貧窮により、それら特権的な場所への入口を得る。
そこでは最も取るに足らないようなものごとが、それぞれの完全なる、
そして最高権限を持つ実存を取り戻す。
——ニコラ・ブヴィエ『道と敗走』

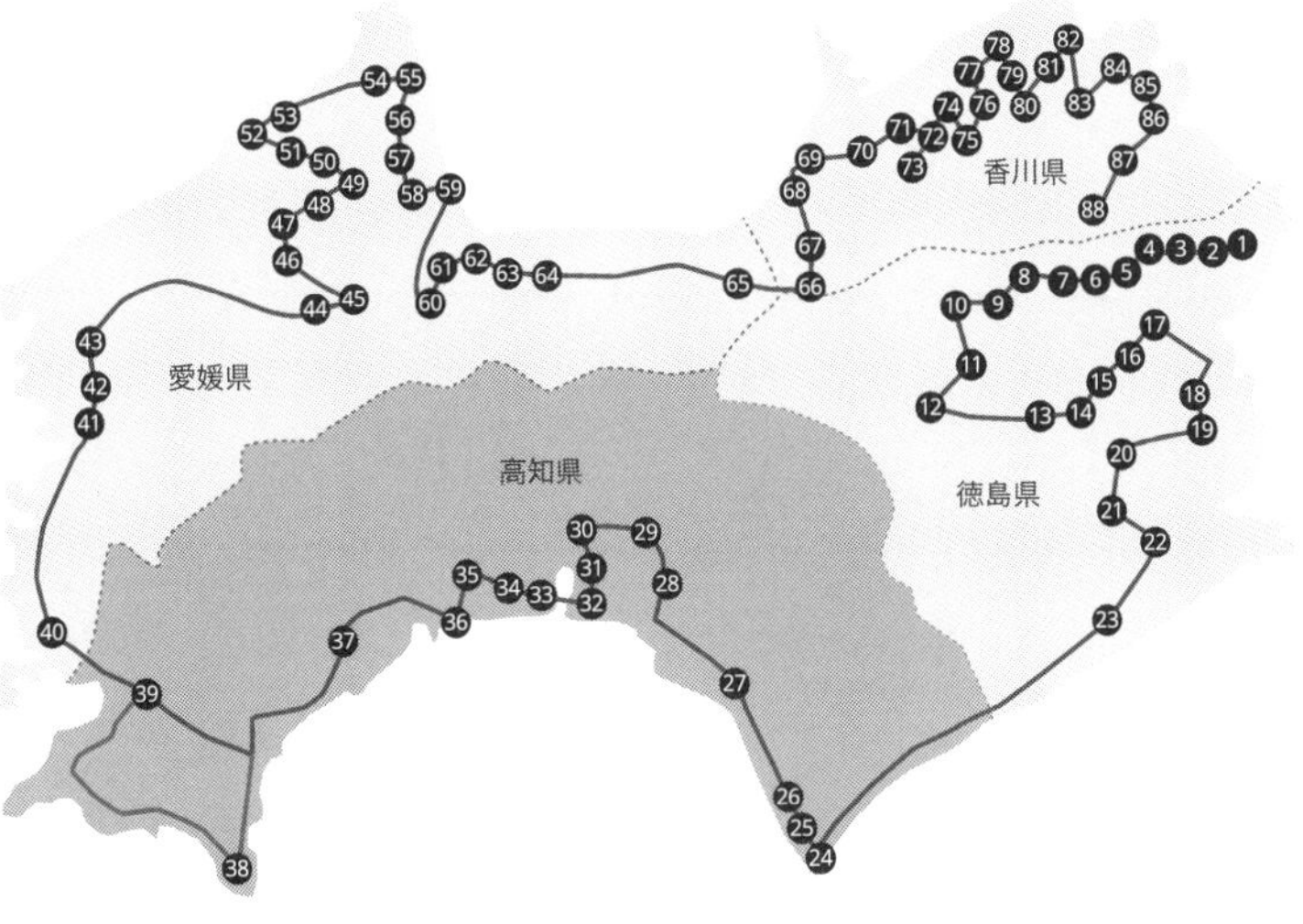

5　自然の学舎《まなびや》で

7月14日　超然

わたしには実社会のリアリティーから思いっ切り離れた場所であるように思える修行の道場［訳註：「修行」にあたる仏語の「ascèse」は、禁欲、苦行の意味がある］。そこに足を踏み入れながら我らが国民の祝日を祝うというのは、とても奇妙な気分だ。今日からわたしは、第八十八番の寺院を目指す、また新しい段階に歩を進める。そこで、歩くというふるいにかけられ、うわべだけの自我が清められ、精髄《エッセンス》が抽出される、そんな「儀式」が進行するのだろう。

高知県は、日本のなかで最も手付かずの自然が残っている県のひとつと言われている。ここには八十八霊場のうちのたった十六しかないにもかかわらず、距離的には全行程の3分の1以上をこの県が占めているのだ。ここからは、室戸岬《むろとざき》と足摺岬《あしずりみさき》を結ぶ太平洋岸の道をゆく。コンクリートの堤防や、津波が襲ってきた際の避難場所を示すパネルなどが、怒れる大海の脅威をそこかしこで再認識させる。また、このあたりでは出会った人からよく台風に警戒するように言われた。台風は、この季節の日本列島に大きな被害をもたらすのだ。

いずれにしても、荒れ狂う自然の力を想像するたび、わたしのようにちっぽけな存在は、どうしても謙虚な気持ちになる。地震、津波、台風、火山の噴火など、起こり得る地球の大異変。人間の思い上がりやうぬぼれ、慢心といったものはすべて、この惑星の奥底から、あるいは天空からやってくるその圧倒的な威力によって一気に打ち砕かれる。

そしてまたしても、わたしは暑さに苦しめられる。おでこから汗が滴り続け、杖が地面に当たる際の鈍い衝撃でこめかみまでズキズキする。舗道は無限に延びる長い廊下のように思われ、蛇行する海岸線に沿った道は、その単調さでわたしをボーッとさせる。リュックサックのストラップが擦《こす》れて焼けるように熱く、肩自体の痛みも増し、座骨神経痛の兆候まで出始めた。そして困ったことに、入り江から入り江へと歩き続けるなかで、いったい自分がどこを歩いているのか地図上で確認することができない……。あらゆる小さな混乱と苦痛がわたしのなかで行列を作り、それを気にし過ぎたせいで、しだいに行列全体が紛れもない怪物へと成長し、心のなかでうなり声を上げる。

どこまでも続く国道を、一歩一歩、不調に顔をしかめて歩き続けるうちに、あらゆる思いがわたしを攻め立て、動揺させ、そしてわたしを自分の存在の核心へと引き戻す。自分の内面の変化が、見える景色にまで影響を与えてしまいそうだ。

この日、忘れられない珍しい出会いがあった。空の上から眺めていた聖ヤコブ《サンティアゴ》が茶目っ気を発揮したのだろうか、わたしは道すがら、マドリードに発つ前の若い巡礼者に出会ったのだ。

「In a few days… me… Saint-Jacques, Finisterre, Muxia（数日後には……ぼく……サンティアゴ、フィステーラ、ムシーア）」

「Eeeeh ! Sugoi ne !」

「Buen Camino !（よい巡礼の旅を！）」

東洋の地で、こんな実にシュールレアリスティック《シュール》な言葉を交わしたわたしたちは、それぞれの目的地に向かって再び歩き出す。どう考えても、人生それ自体に遊び心が備わっている！　聖ヤコブと空海が両手をつないで、この惑星を抱きかかえている様子が目に浮かんだ。

この日、歩いているわたしの横で車が次々に停まっては、みんなが「次の村まで遠いよ、とっても遠いよ」、「自動販売機も、コンビニ（街中のあらゆる場所にある、さまざまな用事を足せる小型スーパーのこと）もないよ」と言い、車に乗るように強く勧めてくれた。わたしが丁重に、スマイル付きでお断りすると、驚きで丸くなった目には、同時に深い同情心が読み取れるのだった。

「Domo arigato gozaimasu, aruki henro !」

右足、左足、「タック」「カラン」……わたしの存在のポリフォニーが歩き続ける。

そしてわたしは、大きな達成感と共に《ロッジおざき》に到着した。その心地よい名前の宿で受けたもてなしは、繊細な気配りに満ちていて素晴らしかった。遍路道の宿泊所はどこも申し分なく清潔で、手入れが行き届き、良識を持って経営されている。一方で、サンティアゴ・デ・コンポステーラの巡礼路のいくつかの施設には、そうではないところもあった。巡礼者の多い時機だけにわか経営を始めるような場所では、ときおり宿主の強欲さが見えてしまう。なかには良心も誠意もないばかりか、巡礼者をかねづる扱いして、その思いを傷つけてしまうような宿まである。

夕食は、毎年ひとつの県ずつ徒歩で巡礼しているというカップルと、今回一気に全行程を巡るという北海道から来た女性、そして京都から3日間の普通の旅行で来ていた若い女性と一緒になった。日本語のおしゃべりはテンポが速い。わたしは言葉のせいで話の輪から一歩引っ込んだところにいるのだけれど、仲間はずれになっている感じはない。みんなの身振り手振りを見ているだけで、あの十二番札所への過酷な登山について話しているのだと分かる。空海の足跡を追うすべての人にとって、忘れがたい難所の記憶だ。

あなたの感じるつらさとわたしのそれは、ひとつのものなのだと気づく。同じ人間として、つらさを、苦悩を、悲しみを、よろこびを、しあわせを分かち合える。あなたに対して不当なことは、わたしに対して不当なことだし、あなたに対する友愛の行為は、わたしの心をも打つ。あなたに生じるすべてのことは、わたしに関することだ。あなたの運命は、わたしの運命と緊密につながっている。人生はみんなが共同で作る作品だ。ひとり、ひとりが、他の人に対して完全なる責任を負っている。人間の複数性、その先にある「人間」の一体性《ユニティー》を思う。

月が昇り、その光が海の表面に揺れ動くのを眺めながら、わたしは食事に感謝する日本伝統の方法について考えた。「いただきます」と言いながら、手を合わせ、食べ物に頭を下げる。わたしには極めて感動的な感謝の仕方だ。〈いただく〉のそもそもの意味は「受け取る／もらう」で、つまり、この大地の産物《フルーツ》と、人の仕事の成果《フルーツ》が素晴らしい形でわたしに与えられたものを頂戴します、という感謝なのだ。こういうことを学ぶのも、わたしにとって、思いがけない素晴らしい体験《アヴァンチュール》だ！

7月15日　心の道筋で

〈コン、コン、コン……〉

5時30分に部屋のドアがノックされた。わたしはそのとき、深い眠りとぼんやりした夢の断片のなかにいた。しまった、朝食は6時半だと思っていた！　わたしの日本語の知識では、細かい情報のやりとりがまだまだおぼつかない。でもまあ大したミスじゃない。遍路の服装をすばやくまとって準備完了。さまざまな魚料理、スープ、野菜と白米、そしていまだに名前は分からないとてもおいしそうな小皿の数々を前にして、ばっちり目が覚めた。

　朝食の席で、T〔訳註：この先の記述から想像される彼女の性格等を考慮し、著者との相談の上で頭文字表記とした〕とまた会えたのがうれしかった。彼女は昨夜、わたしのどんな細かいジェスチャーにもついてきてくれたのだ。北海道出身の彼女もまた、八十八の寺院を歩いて回っている。それでこの朝は彼女と一緒に歩き始めた。彼女はひと言も英語を話さず、最初の数キロ、わたしたちは穏やかな沈黙のなかを、生まれかけの貴重な友情を感じながら並んで歩いた。〈ともに沈黙する、並んで口をつぐむよろこびを味わうこと〉（シャルル・ペギー）〔原註25〕。お互いに存在《プレゼンス》を与え、受け取り合っている実感。この「道連れ」は定期的にわたしをちらっと見るのだが、その表情がどんどん楽しそうになってくる。まなざしで問いかけ、微笑みが響き合う。調和したリズムに二人の歩幅がだんだん確かなものになっていくにつれて、わたしたちの変わった関係は共同体に近づいていく。そのときわたしは、言葉のその先にある自然なコミュニケイションの奇跡を満喫していた。やりとりの流れが見えるおしゃべりが一切ない代わりに、二人が共通して帰属しているものへの感謝の気持ちのなかに、コミュニケイションが確かに成立するのだ。一緒にいることのシンプルな幸福感、同調する心臓の鼓動、無言のアクションが溶け合う場所の、大いなる平静さ……。

　自分が他者に対して存在していることにある、「つながってる感」の質の高さたるや！　この静かなる近さの強烈さたるや！　兄弟愛という言語はユニヴァーサル言語だ。ただ単に、ここにいる、一緒にいる、という……。わたしたちの間には、すべてがさらさらと流れ、澄んでいる。歩きの仲間であるけれど、もっともっと壮大な旅の、起源も行き先も共通の、ひとつの同じ冒険《アヴァンチュール》で結びついた姉妹でもある。この口を閉じた暗黙の了解のパワーを貫いて、わたしは、我々の存在とはまた別の存在が、我々二人よりも遥かに大きな存在が、立ち現れてくるのを感じている。

わたしたちは、巡礼のなかで最も有名な場所のひとつ、御厨人窟《みくろど》という洞窟で休憩したあとで別行動となった。Tは、この洞窟に対して、強い崇敬の念を表した。十九歳で山林での仏道修行に入った空海が悟りを開いたと言われているのがこの場所で、この洞窟の暗がりから彼の目に映ったのが海と空だったことが「空海」の名前の由来だとも言われている。〈ku〉の漢字が空を表し、〈kai〉が海を表すのだが、そこには「空《からっぽ》の海（無限の虚空）」という意味もある。

国道55号線は、まだまだ続く……。左には太平洋、右はガードレールの向こうのアスファルト、そしてエンジンの轟音……。右足、左足、「タック」「カラン」……。第二十四番札所、最御崎寺《ほつみさきじ》（室戸岬）。山門で一礼、重々しい鐘の音、本堂、ロウソク、お線香、般若心経、納札に願いごと。そして納経所にてお納経（墨書《カリグラフ》とご朱印）をいただく。

右足、左足……。森の小道は骨の折れる上り坂だった。二十五番目のお寺は津照寺《しんしょうじ》。ここの石段はとても急だ。ここで終わりかと思ったところで、まだその先がある。そして再び参拝の手順を心を込めて繰り返す。だんだん一連の所作が自分の呼吸となじんできた。まだまだ続く国道

55号線……「タック」「カラン」……。
曇り空を雨のしずくが突き抜け始めた。雨宿りのガレージの物陰が、午後の休息《シエスタ》を誘う。隣家から、若い女性と、彼女の息子がわたしのほうへ歩いてきて、はにかんだ様子でわたしの両手に冷たい飲み物と傘を載せてくれた。ことごとく、寛大でうやうやしい、驚かされ心打たれる振る舞い。無条件の愛情が、夏のそよ風のように軽やかに、何気ない日常を優しさの王国へと変貌させてしまう。

第二十六番札所の金剛頂寺《こんごうちょうじ》がやっとその姿を見せる。ここはかつて国の平和と安全を祈願するためのオフィシャルな寺院だった「訳註：9世紀に嵯峨天皇、淳和天皇が勅願所とし、住職は第十代まで勅命によって選ばれていた」。土佐湾に突き出した岬の、最も高い場所にあるこのお寺のなかに人けはない。あちこち見て回っているとひとりのお坊さんに出くわし、彼が宿坊を教えてくれた。そこもまた、深い静けさに包まれている。湯けむりに霞む燃えるように熱いお風呂を楽しんでいたときに浴場の戸が開き、輝くばかりの笑みを浮かべたTが立っていた。この日の宿泊者はわたしたちだけだった。

室戸岬と水平線まで開けた眺めを楽しみながら、二人向かい合っての夕食。料理は、偉大な「星付き」シェフに匹敵するものだった。彩り豊かな小鉢、焼き魚、刺身。とても繊細に盛られた野菜、さまざまな豆腐料理、お汁、ご飯。他にもわたしの西洋人のセンスからするとやはり正体がつかめない食べ物が並ぶ。味覚で感じる前に、まず目で見て楽しい。細やかなニュアンスの多彩さと、口で感じる種々多様な感覚のなかで、非常に洗練された料理たちが脈絡を作っていき、デリケートな味わいが、次々に目覚めていく感受性にご馳走をする。そして最後、わたしたちは感謝の〈gochisôsama〉を言う。食事が終わったときの、謝意を表す慣例的な挨拶だ。

とうに太陽は沈み、まばゆい月に空を譲っている。疲れで目がしょぼしょぼしてきたけれど、日課の「航海日誌」をつけなくてはならない。ちらりと目をやると、わたしの部屋の入口にはつらつとした、しかし遠慮がちなTの顔があった。彼女はわたしのそばにやってきて、海のほうを向いて座る。夏の夜は深まり、わたしはそのなかで疲労に沈んでいく自分を感じている。しかしTは、わたしに目を開けておいたほうがいいと伝え、わたしはその理由が分からずにいた。

それでわたしたちは黙ったまま、輝く星が天空の宝石のようにひしめき合う空を眺めていた。と、そのとき、サプライズが起きた。20時ちょうどに、夜空に鮮やかな閃光が走り、花火の音が鳴り響いたのだ。7月の第三月曜日は国民の祝日〈海の日〉で、それを祝う花火なのだという。わたしたちは「オー！」とか「アー！」とか驚嘆の声を上げながら、ひとつの感動をたっぷりと分け合ったのだった。

今夜の言葉――〈幸福は目的地にはなく、あなたが歩く道沿いで匂いをかぐ花のなかにある〉（中国の格言）

7月16日　生きているスピリチュアリティー

朝、Tと向かい合って豪華な朝食をいただいていると、料理人の女性が、口に合うかどうかを几帳面に席まで聞きに来る。合わないなんてとんでもない！　というわたしたちの表情を見て、彼女はほっとした笑みを浮かべながら下がっていった。外を見れば、生まれたての陽の光を受けた水平線は霧に曇り、湾からの眺めに神秘的な後光が差したような美しさを与えている。わたしはこの風景に目を奪われる。青空は、昨晩の祝宴から優雅に目を覚まし始めた。

わたしたちは出発し、再び国道55号線に出るまでの間、森の木陰の曲がりくねった道を下る。歩きながら、Tが教えてくれるこの国の未知の言葉を、わたしは何度も繰り返した。さらには歌も教えてもらったが、その曲は一九六〇年代に日本でもアメリカでもヒットした、坂本九の有名な「Sukiyaki（上を向いて歩こう）」だった。この曲の甘くやるせないメロディーが、見下ろす先の、ゆったりと寄せては返す波に見事にマッチしていて、歌いながらいい気持ちになってくる。

Tはアニミズム的な神道の文化に深く根差した生き方をしている。彼女の豊かな感受性、その一瞬一瞬に感じられる精神性《スピリチュアリティー》、この世界における存在の仕方、わたしたちの起源となる「母体《マトリックス》」への崇拝に、わたしは心を打たれた。具体的に言えば、彼女は山々を、川を、泉を、樹木を、大地をあがめるのだ。ほんの短い時間だけ岩の上で休息を取るにしても、彼女は自分を迎え入れてくれた、この地球の成分《エレメント》たるその岩に対して、謙虚で、敬虔で、敬意に満ちた態度で両手を合わせお辞儀する。自然に属するものは、神的な崇高とのつながりのなかにある。ルネ・シャールの言葉を借りるならば〈共同の存在〉、つまり人間と、その創造主と、自然との間は、暗黙の了解で結ばれている。わたしはその、ドアも窓もない《厳密に独立した》「生きている」精神性《スピリチュアリティー》を素敵だと思う——すべてのものを包み込み、心の拠り所とするための特定の「壁」も「場所」も「象徴物」も必要としないその信仰《スピリチュアリティー》を。自然界のすべての物と者に在る神聖な美、崇高さを重んじる精神性に立ち返ることが、今ほど急務だった時代は過去なかっただろう。それに、その精神性《スピリチュアリティー》によって、人類は自らの完全さに近づく……。道を照らす「**光**」のほうを向いて生きるTとの光り輝くこの出会いは、わたしには、「あなた自身の存在の、その最も重要な《エッセンシャル》意味を探求しなさい」という招待状に思える。その夜の宿で再び落ち合うことを確認し、そこからは二人それぞれ単独で歩くことにする。わたしは、Tが勇ましく駆け出し、遠くへ消えていくのを見ていた。

国道55号線と、湾を見下ろす険しい山道を歩く。旅館という名の甘美と繊細の世界に、確実に近づいていることを信じて。でも今のわたしは、ただ歩く力を振り絞るだけで精一杯で、遠くの標的に向けて放たれたものの、的にたどり着くだけの勢いが不足した矢のようだった。鈴の音が、わたしを「今、ここ」に絶えず連れ戻す。「今」をそのまま感じるのは、場合によってはもちろん苦しい。歩く距離が増すにつれ活力が霞み、身体がいうことを聞かなくなり、腰の痛みも増していく。前に進むことが試練になり、わたしの持ち物であるこの身体、わたし自身であるこの身体が粘土細工で、一歩ごとにばらばらに崩れていくかのような頼りなさだ。右足、左足……。向かうは真西、陽射しで顔が痛い。「タック」「カラン」……。

小さな町での愛国的小休止。《Pâtisserie française depuis 1991（フランス菓子の店、創業1991年）》という甘美なる看板に惹きつけられ、お店のなかに入ってみる。いくばくかの自尊心と一緒に。

「Konichiwa, furansujin desu !」

でも、まったく期待した展開にはならなかった。店主は、自分はひと言もフランス語を話さないし、ヨーロッパにも行ったことがないのだと言う。確かに陳列されているケーキは、まるでわたしの見たこともないようなものばかり……。そういうわけで、わたしは再び歩き始めた——今のエピソードと、修行の道場で思いがけず出てしまった小さなエゴを愉快に思いながら。

それでまた沈黙の世界に戻るのだけれど、それほど気重でもない。巡礼当初から、わたしは悲嘆や放棄を意味しない沈黙のなかにすんなり入っている。瞑想的な歩行、そして祈りは続く。自然の静粛のなか、空と、森と、地面を踏みしめる微かなわたしの足音と、鈴の澄んだ音色と、鳥たちの歌のユニゾンとが織りなす音楽の壮大な総譜のなかに流れるこの時間が好きだ。この静寂は、まばらに暮らす村民や畑仕事の農民に向けて拡散される選挙カーのアナウンスでときおり中断される。わたしは、今この瞬間にこの環境、状況を作っている存在と、豊かな対話をしている気分になる。この静寂を介して、わたしは自分の内なる小さな声に、心の底の支配者に、耳を傾け出す。わたしのなかでそっとささやくものを聴く。インドのことわざはこう言っている。〈湖

民宿でTと再会。彼女はすでに、第二十七番の神峯寺《こうのみねじ》——なんと想像を刺激する名前だろう——まで、3時間かけて8キロメートルの登山を終えたあとだった。わたしはといえば、身体がの水面が静かなときに水底が見える〉。わたしの深層に出会うためには沈黙が必要なのだ。

「今日は止めておけ」と言う。

タタミの上にあぐらをかいて、二人での夕食。Tは両手を合わせ、食べ物に感謝する。その夜を通じて、わたしたちは互いに友情と理解を深め、Tは彼女の生きるよろこびと光とでわたしを包み込んだ。彼女の気配りはほんの小さな言動にも次々に現れ、わたしの目にはそれらがずらりと陳列された宝物のように映る。例えば、わたしが部屋を出るときにスリッパの向きをひっくり返さなくていいように、適切な方向に揃えてくれるとか……とにかくたくさんの、いわば人間性の財宝を彼女に見て取った。

そしてこれが彼女と分かち合う、その笑い声に彩られた最後の時間だ。闇のなかの松明《たいまつ》のような、通じ合った心の最後の微笑み。そして夜は、わたしたちの身体を心身の滋養となる眠りへとくるみ込んだ。

7月17日　つながり

わたしたちの道はここで分かれる。Tとわたしは、ぐ、る、ぐるになった者同士がひそかに示し合うサインのように微笑みを交わす。言葉よりもずっとずっと意味のある最後の沈黙。そしてこの、〈彼女〉という部分が〈わたし〉から遠ざかっていくのを――わたしの傍らで道を進んできた一対の翼が――わたしが真似すらできない陽気さと気さくさを持った存在が――わたしから遠ざかっていくのを、感情を高ぶらせずに見ていることなどできなかった。Tは、実のところ、写真に写ることを一切拒否した。永遠の使者のような、道筋に一切の物質的な痕跡を残さずに通り過ぎる天使［訳註：フランスでは会話が途切れて沈黙が生まれた瞬間、「天使のお通りだ」と言う］。わたしは、彼女のシルエットが遠くに気化するのを見る。でも、構わないさ！ 彼女の光の跡は、手で触《さわ》れるようなリアリティーでわたしの内にとどまり続ける。わたしたちは誰もが、誰か他の人にとっての人生の師なのだ。親愛なるT、ありがとう。あなたが教えてくれたことは、わたしを養い続けるよ。

わたしはリュックサックを旅館に預かってもらい、「神々の峰」のお寺に向かう。山を登っている途中、モビレット《小型バイク》に乗った若い遍路と出会った。エンジンを切り、流暢な英語で話しかけてきたところでは、彼はこの巡礼を、10年前に他界した祖父へのオマージュとして行なっているのだという。祖父にはお遍路を敢行するための財力も時間も、そして険しい道をゆく体力もなかったのだと。わたしたちは塩飴と甘いお菓子を分け合った。我ら人間にある誠実さ、内面の透明性を感じるこうした出会いの機会は、いつもとても貴重だ。それぞれの人の顔が、読み取るべき新しい物語のようなもので、そしてひとつの思い出は、身を委ね、打ち明けようとする。すべてのこうした交流の美点は、仮面をかぶったり、心に鎧を着たりする行為、そしてあらゆる偽善的演出《マスカレード》を軽蔑するところにある。それらの行為は、他人から自分を隠してしまうし、しまいには自分自身を、自ら「異質」のなかに閉じ込めることになってしまう。互いの心の奥に共通した核の部分に、シンプルによどみなくアクセスして交流すること。わたしは、サンティアゴ・デ・コンポステーラの巡礼路ですでに、そのような感動をたくさん味わっていた。

第二十七番の神峯寺に着いてみると、そこは、海の雄大な水平線へ向けて蓋が開いているような、緑の宝石箱だった。なんという魔法的な素晴らしさ！　まさに神々の山だ！　これは天空に向け昇っていくための、神から与えられた励ましの場所なのだ。そう思いながら、150段の急な石段を上る。手入れの行き届いた庭が石段に沿って続いていて、その先には、疲れて汗まみれになった遍路の元気を回復させる、腕を広げた空海像が立っていた。〈山の頂上に着いたならば、さらに登り続けなさい〉。禅の公案はわたしたちにそう教えている。

この、どこまでも深い内観に誘われる雰囲気は不意に、空間に力強く波打つ、地上と空の間を結ぶハイフンのような、高く昇っていく祈りのような振動で満たされる。僧侶が朗唱に合わせて銅鑼を鳴らしたのだ。その魔術的効果のエッセンスが寄せてはわたしの肌を撫で、身体に浸透し、細胞の隅々まで拡散する。わたしは心を集中し、消えゆく前に自らおぼろになっていくこの音を聴き取ろうとした。自分がチューニングされた楽器のように感じる――自然の力と調和し、この孤独な歩行の沈黙と同調した楽器のように。最も重要《エッセンシャル》なものは、めったに出し抜けに現れたりしないのではないか？　そのときアンリ・ミショーの詩が記憶によみがえる。〈俺は銅鑼だ、真綿だ、雪のような歌だ。そうなんだ。それは確かなんだ〉［原註26］。口をつくこのくだりが、心を研ぎ澄ますマントラのようだ。リュックを取りに旅館に寄ってから、光り輝く太平洋に沿って走る国道55号線の旅に戻ろう。

この日の珍しい出会いは、35日前から遍路道を反時計回りの方向に歩いている東京から来た遍路と出会ったことだ。彼は、3年前に亡くなった父親を偲んで歩いているという。こうして思いを分かち合う行為には、常に透明さがある。そこに国境はない。仮面は落ちる。波打つ優しさ《テンダネス》。

6　進行中の人生

7月18日　受肉

今日は、朝からかかとの上に座った。正座というのは、それに慣れていないわたしのような西洋人の関節にはキツい。でも、数々の洗練された料理からなる伝統的な日本の朝食には、こういうセレモニー的な感じがふさわしい。その、香りと、色と、繊細な質感《テクスチャー》の調和のただ中に、わたしは今日、納豆というものを発見した。大豆を発酵させた、ねばねばした嫌な見た目をしており、アンモニア的な臭気がし、かびっぽい味がする。事情に通じていない者にとって、これはたいへんな冒険だ……特に目覚めてすぐには！

そしてまたしても国道55号線……。海を縁取るような自転車《サイクル》専用レーンを心静かに歩いていると、まるでここが、永遠に繰り返される循環《サイクル》へとつながっているのではないか、という思いにとらわれた。ひとつの波が別の波へ取って代わられ、息を吐くことがまた新しく息を吸う理由となる。まったく同じでもなく、まったく違ってもいない次のものへ、果てしなく再生する小さな死《オルガスム》。

わたしはここ数日の疲れをまだ引きずっていた。身体の頑固な痛みが少しばかり心配だけれど、でも気力は充分だ。わたしが受肉したこの物体が、期待の楽園である今夜の宿を受難の地にしてしまうようなことがなければいいのだけれど。休憩を挟む頻度がどんどん高くなっている。毎回、休憩のあとはほとんど機械的に歩き出しているが、つまり肉体はわたしの意志、欲望や意図にとらわれずに動いている。

わたしは、奇跡的に仏陀が突然現れてくれたらなあ、と願っている——サンティアゴ・デ・コンポステーラ巡礼路を歩いていて、サント・ドミンゴ・デ・ラ・カルサーダ〔訳註：スペイン、ラ・リオハ州の自治体〕で座骨神経痛で動けなくなったときに出会ったイエスのように。そこには本当にイエスという名前の人がいて、彼が手脚のストレッチ施術の最後に、「起き上がり、歩きなさい！」という疑いの余地を与えない決定的なセリフを発し、原典〔訳註：使徒行伝3-6〕どおりにわたしの身体を治してくれたのだ。そもそものサント・ドミンゴ・デ・ラ・カルサーダは奇跡にふさわしい場所で、12世紀にはすでにこんなことが起きていた——ドイツ人親子の巡礼者が泊まった旅籠《はたご》の娘が客の息子に言い寄って断られた腹いせに、その息子に窃盗の罪をなすりつけた。息子は有罪を宣告され、絞首刑に処せられたが、後日、彼の両親は、絞首台にぶら下げられたままだった死んだはずの息子が、「ぼくは、聖ヤコブさまのご加護で無事だよ」と言うのを聞く。その話を両親が裁判官に伝えに行くと、鶏料理をちょうど食べようとしていた裁判官は、「もしあんたたちの息子が生きているようなことがあるのなら、このニワトリだって歌い出すだろう！」と言った。すると、雄鶏《おんどり》が歌い出し、雌鶏《めんどり》はクワックワッと鳴き出したという。そのドイツ人の若者は絞首台から下ろされ、その代わりに旅籠の娘が吊るされた。

ある善根宿《ぜんこんやど》の日陰でしばらく休憩させてもらっていると、そこの宿主が竹の杖をプレゼントしてくれた。自分で丁寧に模様を彫り、赤い紐を組み合わせた飾りが付いている。二本の杖を持ったわたしは、華々しく出発した――わたしの「存在」(今後は四つ足の!)の新しいシンフォニーに背中を押されて。右足「タック」「カラン」左足「タック」右足「タック」「カラン」左足「タック」……。

二本の杖で快調に歩き進むうちに、〈杖の理論〉が組み上がった。すなわち、二本の杖を強く握り過ぎると互いに反発し合って離れようとし、あっという間に疲れてしまう。反対に握る力が弱過ぎると、今度は歩くのに邪魔になる。二本の杖があらぬ方向へばらけてしまうのだ。最もいい握り方は、その中間くらいの力だ。まるで人間の関係性みたいじゃない？　家庭内、友人同士、恋愛、職場などのあらゆる関係で、それを握ろうとし過ぎること、つまり過度の支配は望ましくない。逆に隔たりができ過ぎると、つながりは伸び切って弱まってしまう。調和した関係性のためには、正確な度合いを選ばなくちゃならない。近過ぎず、遠過ぎず。すべては微妙なニュアンスにおいて成り立っている。わたしはこの理論を気に入った。

7月19日　善き安楽

今日は、道の分岐点を何度も間違った……。コースが国道55号線に沿っていれば、あれこれ考えることなく、ただひたすら道なりに海沿いを行けばいい。でも道がそこから外れるとこういうことが起きる。地図上で見れば、わたしはだいたい30キロの距離を歩いたことになるが、実際は、水田の美しい眺めに心を奪われ、何回も道に迷ったためにそれよりずっと長い距離を歩いたことに……。道順の標識に集中することと、心のなかのおしゃべりで気晴らしすること。その絶え間ない反復運動《ダンス》に身を投じたわたしの今日は、口数が注意力を勝っていた。

いずれにせよ、この四国巡礼を逆方向《逆打ち》、つまり反時計回りに歩いている少数の強者は大きな尊敬に値する。逆向きに歩く人のための標識なんてほとんどないのだ。

第二十八番目の寺院、大日寺《だいにちじ》。「グラン・ソレイユ《大日》」、燦々《さんさん》たるリュミエール《光》！　二十九番の国《こく》分寺《ぶんじ》では、その平穏さと通路脇を飾る盆栽に惹きつけられた。第三十番の寺院は善楽寺《ぜんらくじ》、「善き安楽」のお寺。こうした調和のとれた名前は、そこから大切なものを感じ取り、自分のものにするためにある気がする。ゆっくり時間を経て実った果実を収穫するみたいに。

稲作地帯のなかに、ぽつりぽつりと建っている民家。その間を流れる小さな水路沿いの道を抜けると、再び交通量の多い国道に出る。高知市街地が近づいてくるにつれ、車の流れは徐々に増えていく。わたしは、エンジンの騒音とマフラーから出る煙、べたつく湿気を含んだ空気に包まれながら、容赦なく照りつける太陽の下、焼けるようなアスファルトを歩いている。まさか首都から遠く離れたこの島で、こんなに交通量があるとは予想していなかった。

休憩がてらツーリスト・インフォメイションに寄り、身体の痛みを治療してくれるオステオパシーの先生、もしくはこの地の「イエス」がいないか調べてみた。案内窓口の女性が、指圧療法師らしき先生のところに翌日の予約を入れてくれ、今日から二晩の宿の予約もしてくれた。ホテルに着いてみると、そこは明らかに並以下の場所のように思えた。確かに、わたしが資金の節約のために安い宿を選んだのだが。数匹のゴキブリがベッドの下や浴室を散歩している。わたしは射程距離内にいるヤツらに派手に一撃食らわしてやろうと、急いでスリッパをつかんで身構え、オリジナルな舞踏作品を演じた。とはいえ、最初はそれほど問題視してはいなかった。

夜は、ホテルの隣のカフェで心温まる時間を過ごす。バー・カウンターのなかのオープン・キッチンで仕事をしているシェフと奥さんが、わたしを優しくもてなしてくれた。わたしがどこから歩いてきて、どこまで行くのかを話し、今日までにすでに歩いたコースを地図上で示すと、彼らは驚いた様子を見せる。

「え！　歩いて？」

「Haï」

「えーっ！　すごいねー！」

わたしたちは共通の言葉を持たなかったけれど、目でやりとりするだけで分かり合えるものなのだ。日本に着いた瞬間からそうだったけれど、言葉のせいで孤立することはまったくなかった。愛情のこもった夕食は、無理に会話するよりもずっと意味深かった。

ちなみに今日は、すごくおいしい名物料理に出会えた。それはカツオノタタキだ。生の鰹を、松かさと松葉を燃やした火の上で焼き、ユズ(日本のレモン)をベースにしたポンズ・ソースに、おろしたニンニクとショウガを添える。この料理は一見、刺身のように見えるが、外側が強火で焼かれている点のみ、刺身とは異なる。なかは生で、申し分のないとろけるような味わい。陶然とするおいしさ！　それに合わせてサケをいろいろ味見させてくれた。

「Kampai !」

わたしは、料理している姿の美しさにも参ってしまった。キモノを着たシェフは、大いなる気品を持って日本風の大きな包丁をいくつも使い分ける。細心の動作が流れるようにつながり、すべてが計算されているようだった。

日本に来て以来パリの連絡網から離れてしまっていることはわたしにとって全然大したことではないけれど、このお店でワイファイが使えることを知って自分の携帯電話のスイッチを入れてみた。そこでわたしは、この青い惑星に新しい命が到着したことを知って大よろこびする。親友バルバラからの、マルタン誕生の知らせだ。この高揚を今夜の仲間たちと分け合おうと努力してみたところ、ご馳走になっていたサケがさらに注がれ、今度は祝い酒になった！　それに、この赤ちゃん《プティ・マルタン》はこの巡礼の旅とまったく無縁ではない。彼は、子宮のなかで《イン・ユーテロ》、わたしのこの日本での冒険の最初の段階に立ち合っている。四国への「越境案内人《パスール》」になってくれたひとり、レオ・ガントゥレに会いに行ったときに、同じオート＝サヴォワ県の村に暮らす彼のママの家に泊めてもらったことは先に記した。万人が分かち合うこの偉大なる叙事詩の世界へようこそ、マルタン！

きみとわたし、わたしたちはひとつのものに過ぎない……。またしても強力な確信が心のなかにしっかりと根を下ろした。

ホテルに戻ってみると、どうやらわたしが唯一の宿泊客のようだ。部屋の明かりをつけた瞬間、わたしは恐怖とともに、あちこちにたいへんな数のゴキブリを目にすることになる。ベッドの上に置いていたわたしのリュックサックにまで巧みに入り込んでいる……ゲッ！　念のため言っておくと、我々の国のちっぽけなフラ公ゴキなんて、この巨大で恐ろしいヤツらに比べたらまるっきり冴えないナリをしてる。今目の前にいるヤツらは、5〜6センチもある黒光りする鎧を着てるのだ！　我慢できるはずないじゃない！　わたしは急いでホテルの人たちを起こしに行く……もうこんなところは出て行くと決めて。じゃないとわたし自身が連中にやられてしまう……！パジャマ姿で完全に寝ぼけまなこの従業員たちは、わたしが、日本語基本会話の教本を手に、アクターズ・スタジオ級の身体表現で嫌悪感を補完しながら、強烈な口調で繰り返すと意味をすぐに理解した。

「Gokiburi, gokiburi !」

すると彼らは、破滅的兵器を取り出してきた。ものものしい殺虫スプレーだ。こんな武器と夜を共にするつもりは毛頭ない。荷物をまとめ、返金してもらったホテル代をポケットに突っ込み、深夜23時にわたしは再び高知の街中に出た——安らかに夜の夢想を繰り広げることのできる場所を探して。日中のひどい暑さが去ったあとの、この心地よい夜の空気！　わたしは軽やかな風のそよぎが、星をちりばめた夜の繊細さと溶け合ってほっとしているのを感じる。その風に運ばれ、わたしは数メートル先にあったホテルの柔らかなベッドにたどり着く。うっとりするような心地よい眠り……。

7月20日　息継ぎ

今日は休養の日。指圧の先生の熟練の技はとてもよく効いた。先生に診てもらっているときに何度か二人で大笑いしたことは忘れられない。というのも、彼の指示どおりに身体を動かそうとするのだけど、日本語が分からないせいで、わたしが芸術的ボケをかましてしまったのだ。この話の詳細に踏み込むのは止めておこう！

7 世界に目がくらむ

7月21日 肉体の精気、心のはずみ

もっと身軽に歩くために、夏の歩き遍路には向かなかったリュックを新調し、旅立つ前にいらぬ用心から積め込み過ぎた衣類を郵便局から送り返した。加えて昨日の「メンテナンス」のおかげでかなり元気になり、身体との友好関係を回復した。身体と心と頭の調和——ソフロロジー〔訳註：リラクゼイションと頭のなかをコントロールする技術を用いて心の安らぎを得るための科学〕はわたしの専門の一部なので、それら三つの均衡を促進するための心身両面に対するメソッドの原理はよく分かっている。そして、輝く太陽の光がすでに見渡す限りあふれているなかを再び歩き出しているのは、万全の気力と、再生された身体だ。

規則正しいリズムを意識する。一歩一歩、平衡《エキリーブル》のとれた状態で歩く、ということだ。自由《リーブル》とは、その際の内面のメロディーと調和することなのだ。四つ足になったわたしの存在の新しい波動が、空間を、水晶のように澄んだ鈴の音で陽気に満たしている。

今日は素晴らしい一日になりそうだ。それぞれ、しかるべきときにわたしに起きるだろうあらゆる驚くべき出来事に対して敏感でいよう。〈旅路を歩き回り、素晴らしいものたちに出会うこと、それが重要なテーマだ——とりわけ、きみのね〉〔原註27〕と、チェーザレ・パヴェーゼが見事

書き留めているとおりに。

日本で最も古いお城のひとつ、高知城をひと巡りしてから、全長1キロメートル以上に及ぶ日曜市と、ひろめ市場を散歩した。伝統工芸品、地元の産物、鮮魚と干物、あらゆる見事さと美のモザイク。

今日はいいペースで進んでいる——身体の精気と、心のはずみに満ちながら。空腹ものどの渇きも疲れも感じない。歩き出して少し経ったところで、品のいいスーツを身にまとった若い男性が駆け寄ってきた。真夏の猛暑が襲うこの国では彼もご多分に洩れず、汗を拭うための白いハンカチと、もう片方の手にはうちわを持っている。彼はわたしにコンビニの前で待っているよう合図し、数分後、よく冷えた水のペットボトルを二本手にして出てきた。お接待！　彼は数メートル一緒に歩いたところで駆け出し、近くのバス停にすべり込んできたバスを捕まえて乗り込んでいった。

わたしは、五台山《ごだいさん》の頂にある、高知県で最も有名なお寺のひとつ、竹林寺《ちくりんじ》（第三十一番札所）まで足取り軽く登っていった。そこから見えるのは、市街地と浦戸湾を望む、まさに絵になる景色だ。宝物館に保護されている17体の仏像は、すべて国の重要文化財に指定されている。なんとも言えない穏やかな庭園を散歩すると、池には空の無限の広がりが映っている。それから納経所の書家《カリグラファー》と、お茶を囲んでひとときの心通う時間を過ごした。毛筆を操る彼の手の動きが見事で見入ってしまう。墨で黒々と鮮やかに染まったわたしの納経帳。ページにひらひらと舞う漢字と同じような軽やかさで、わたしは次の寺院へ向けて歩き出した。そこからは6キロほどの距離だったが、ありがたい木陰が続く岩の多い坂道や、稲作地帯があり、ときが止まってしまったかのような風情の野良仕事の光景を見たりと、なんともバラエティに富んだ道のりだった。

「僧侶の峰」という名のお寺（禅師峰寺《ぜんじぶじ》）には大勢の人がいて、ここしばらくわたしと打ち解けていた孤独、静寂とは対照的な雰囲気だった。親愛なる孤独と静寂――この大切な旅の相棒たちがいて、心のくぼみでささやく小さな声に耳を傾けられる。次々に現れるエアコンの効いた満員の観光バスからお遍路たちがどっと降りてくる。純白の白衣《はくえ》に身を包み、太陽が真上にあるこの時間でも、その顔には汗のひとつも浮かんでいない。菅笠《すげがさ》と金剛杖にも傷も汚れもなく、ということは、このあと自宅の客間の値打ち物を飾る場所――床の間――に飾られるのかもしれない。

わたしは頭の先からつま先まで全身白装束の、まるで風に吹かれてひらひら舞う雪片のように真っ白な遍路たちを見ていた。眩惑させる真夏の雪。白は、日本では「死に装束」の色でもあり、この場合は巡礼者の「この世における一時的な死」を意味している。日常の目まぐるしさから一時的にその人を切り離し、その人のなかにある別の次元《ディメンション》へと導く、そのための色なのだ。白衣はその昔、巡礼の間に亡くなった人の埋葬用の白布／経帷子《きょうかたびら》にも使われたという。

またしても道を間違ったことで、わたしはワンちゃんを散歩させていたひとりの女性と知り合い、ちょっとしたフランス語の会話を交わす楽しいハプニングを得た。

「Vous êtes française ?（あなた、フランス人？）」

「Oui, je viens de Paris.（ええ、パリから来たんです）」

「Eeeh ! Palis ! Magnifique !（えーっ！　パリ！　ステキ！）」

わたしはてっきり、正しい遍路道に戻る場所まで彼女がついてきてくれるのかと思っていたが違った。彼女は何キロもずっと一緒に歩いてくれたのだ。そして、氷が入る部分の付いた素敵なスカーフをくれた。これによって涼しさはぐっと増し、全身が爽快な気分になった。

「Cadeau !（プレゼント）」と、彼女が言う。「Japon trés trés chaud, humide beaucoup.（日本、とーってても暑い。蒸し蒸し、ひどい）」

今日は涼しさのサインがちりばめられた日だ！　さっきはお遍路たちが雪のようにくるくる舞っていたし、今の女性からは氷をもらったし……。うっとりとした気分は、第三十三番札所に着いてもまだ続いている。というのも、寺の名前が「雪の道」（雪蹊寺《せっけいじ》）なのだ。身体の水分がなくなってしまいそうなこの燃える太陽の下、この寺が分厚い雪の外套をまとっている姿などちょっと想像できない。とはいえ、四国は冬もかなり厳しいのだと教わった。

「マリーさん！　マリーさん！」

お寺の向かいの民宿からわたしを呼ぶ声がし、あふれるような笑顔が迎えてくれた。わたしは一旦、お寺に引き返して、すばやく参拝を終えた。というのも、精神を集中させるべきこの場所が、お祭りムードに一変してしまったからだ。子供たちが竹に竹をはめ込んだものを操って、水を人から人へ一滴もこぼさずに回す遊びをして楽しんでいた。

民宿《高知屋》に戻ったわたしを迎えてくれたのは、茶目っ気たっぷりのキラキラした目をした七十四歳の素敵な女主人だった。彼女はどうやら遍路道の有名人《セレブ》らしく、これまでに取り上げられた記事をたくさん見せてくれた。ここでもただひとりの宿泊客になったわたしに対し、彼女は最大級の配慮でもてなしてくれる。お茶とお菓子を振る舞われ、熱いお風呂もすっかり準備されていたばかりか、衣類もすぐに洗濯されたうえにアイロンまでかけてもらい、そっとフトンの上に置かれていた。なんてしあわせなんだろう、このVIP（ヴェリー・インポータント・ピルグリム）待遇！　さらに翌日の宿の予約もしてもらった。それはコウジという人の経営する宿で、女主人から受話器を渡されると、とても綺麗なフランス語が聞こえてきた。

7月22日　驚嘆

今朝の気温は穏やかで、まわりの自然がとても心地よい芳香を発散している。あたりには温室、田んぼ、そして旋律の美しい川が流れていて、平野の上空をアオサギが飛んでいる。なかを整理したリュックは軽くなった。自分がひとりでに運ばれていくように感じる。谷間のすべてを太陽の光が満たし、それが立体感を際立たせ、この世界の美を賛美している。浮世絵を見ているようだ。わたしの感覚が目覚め、虜になる。探検に飢えた心が熱くなってくる。この世界に目がくらむ！

ＳＦ映画のシナリオだったら、毎日狭い部屋に閉じこもって無味乾燥なルーティーンを平気で延々と生きられる主人公を作り上げられる。でも、わたしはそうじゃないのだ。今ここに、あのジレンマはない。一番大事なものを、何かの犠牲にしている感じにさいなまれてもいない。
わたしは、どんどん遍路の日常に慣れてきている。毎朝、毎晩の同じ所作――フトン畳む、持ち物を整える、宿に着いたら身に着けているものを取る、身体を洗う、着替える、洗濯する。お寺では同じいつもの参拝。右足「タック」「カラン」左足……。しかしながら、そうした遍路の毎日の表向きの束縛のなかに、どれだけ完全なる自由を感じられることか！　コンポステーラの巡礼路で経験済みのこの激しい自由の意識。〈歩く者を服従させることはできない〉（アンリ・ヴァンスノ）［原註28］のだ。

第三十四番札所、種間寺《たねまじ》。「タック」「カラン」……。わたしは赤い矢印の標識に従って、第三十五番札所へと向かう上り坂に入った。お寺までの道案内のための木の看板の漢字も、今では苦労しないで見分けられるようになった。「ピュアな泉」を意味するその名前に想像が膨らむ清滝《きよたき》寺《じ》。空海がここに7日間滞在して祈った際に清水が湧き出し、それが静かな池になったのだという。鮮やかに輝く緑に花々をちりばめたこの寺院に漂う風や光が心地よい。参拝の儀礼を終え、わたしは苔の生えたお地蔵さまが並んでいるところをのんびり歩いてみた。赤い縁なし帽とよだれ掛けを着け、ときおり玩具が供えられていたりもする小さな彫像は、その地の人々に豊かさと長寿をもたらし、子供たちを見守っている。それからわたしは、山々に囲まれた谷間の眺めを味わう。暑さによるもやの切れ目から、谷間の薄暗い陰がのぞく。

納経所ではびっくりする出来事が待っていた！　お遍路自体が少ない夏のこの時期に突然フランス人遍路がやってきたせいか、女性書家《カリグラファー》はとてもよろこびながら、わたしの納経帳にご朱印を三つ捺し、隙も狂いもない美しい動作でお寺の名前を墨書きしたあと、「ちょっと待っててください！」と微笑みながら、どこかへ消え、少ししてからお接待を抱えて戻ってきた――それも格調高い《ラ・グランド・クラス》ことに、《シャネル》の紙袋に入ったお接待！　その目録《プログラム》は以下のとおり。筆記具、雑誌、小さな白のタオル、数本の冷えた缶入りドリンクと塩飴がいくつか。そして日本のボーイズ・バンド（Hey! Say! JUMP）のＤＶＤ＋ＣＤ３枚。そのアルバムは、売上げチャートの頂点を極めるほどの人気らしい。滑らかな顔立ちの９人の美青年たちからなる、ニッポンの「ポップ・カルチャー」の渦のなかで完璧に作り上げられたアイドルだ。そんな彼らの写真集を取り出してきた彼女は、それをものすごく慎重に扱いながら大事に見せてくれる。わたしが自分の納経帳を扱うときの丁寧さと同じだ。愉快だったのは、わたしがその売り物の写真集のなかにモン＝サン＝ミシェルの修道院を背景に撮影されたメンバーの写真を見つけた瞬間、目の前の女性書家が突然、このボーイズ・バンドのヒット曲「Come on a My House」を、あらん限りの声で歌い出したことだ――腰を振って踊りながら、恍惚の面持ちで！　もっと説得力ある説明をするなら……例えばひとりの修道女を思い浮かべてほしい。修道服に身を包んだその女性が、興奮して振り付けを踊るのだ……流行りの若いイケメン・グループの最新ヒット曲に合わせて……教会の入口で。ただただシュールレアリスティック《現実離れ》！

　リュックサックが軽くなってよろこんでいたわたしは今、リュックからはみ出る《シャネル》の紙袋(！)とともに再出発だ。大きなひとり笑い《スマイル》と共に、竹林を横切って、起伏に富んだ道をゆく。もう少しで太平洋との再会だ。

　今のエピソードは、自分の邪魔なものを片づける行為と、何かをいただく行為との間の微妙な釣り合いについて、わたしにいろいろと考えさせた。事実、わたしはバッグのなかを整理するほどに、たくさんのプレゼントをもらい続けている。自分の内面を整理し、オープンな姿勢でいるほどに、人生にはたくさんの「贈り物」があるのかも……。物質的に軽くなるのと同時に、多くの不自然な拘束――予定表、ＴＯ ＤＯリスト、慣習、満たされない渇き、執着、「メトロ＝ブロ《通勤仕事》＝ドド《ねんね》」のリフレインなどなども、ほんとに放り出せたらいいんだけど。とにかく立証されたことは、気球を空に上げるには、まずはキャビンのなかから外に砂袋を放り投げて軽くしなくちゃいけない、ってことだ！

　右足、左足……。第三十六番の寺院は「ブルーのドラゴン」という名前だ(青龍寺《しょうりゅうじ》)。そこから今日最後の山を登り、《国民宿舎土佐》に到着したときには17時を回っていた。オーナーが忠実に再現したかったのだという、ギリシャのサントリーニ島の典型的建築、その白い壁とブルーの扉が目を引く。何か非現実的でもあり、旅のノスタルジーも漂わせる。到着するなり、大阪郊外に暮らし、四国にヴァカンスにやってきたという素敵な都会人家族の輪に迎えられた。8歳のコウスケくん——未来のピアニスト、剣道のチャンピオン——、彼の両親、おばさんと、おばあちゃん。みんなで楽しくわいわいやりながら、英語でちょっとした会話を交わし、微笑みとまなざしがその残りを埋める。これは余談だけれど、後日パリに帰ったときに、コウスケくんの描いた絵に写真とお菓子が添えられた贈り物を郵便受けに発見して大よろこびすることになるのだった。最も大切なもの《エッセンシャル》を巡って、心から心へ通うものがここにも……。

世界中の旅の体験談を完璧なフランス語で話してくれた建物のオーナーがわたしの部屋も案内してくれたが、それは紛れもなく第一級ホテル《パレス》だった。部屋のなかにエントランスのスペースがあり、その先に畳敷きの大きな部屋、その奥には障子——木が枠状に組んであり、紙が貼ってある引き戸——があり、そこを通して一日の終わりの陽の光が差し込んでいる。その先には第三の空間があり、ひとつの低いテーブルの脇に二脚の椅子が、窓の外の壮大な湾と海に向けて置かれている。どう考えても、好きにならずにいられない部屋だ！　そのうえ、このあとわたしは屋外の展望露天風呂の存在を知る。太平洋に向かって、建物から外に張り出した部分にお風呂があるのだ！

こういう場所では、人とも自然な関係を築きやすい。イヴの装いになったわたしは、脱衣所で出会った三人の女性たちとにこやかに「こんにちは」を交わす。ノレンという、布でできた日本の伝統的なカーテン状のものの向こうがタイル張りの浴室だ。入口付近には腰掛けと手桶が置いてあり、壁沿いにはシャワーヘッドがずらりと並んでいる。そして、正面には、屋外に張り出した大きな浴槽、そしてその先には果てしない海がきらめいて広がっている。このお風呂と眺めの素晴らしさに感激して、思わず声を上げてしまう。

そしてこのお風呂を1時間かけてゆっくり楽しんだ。この場所はまさしく驚嘆に値する。そして夕食もまた同じく……まばゆいばかりの豪華さ！　それから夕陽の沈む様子といったら……。

最初は遠慮がちに赤みが差していた空はしだいに、激しく真っ赤に染まっていき、その燃えるような輝きのなかに微妙な濃淡《ニュアンス》を示している。この奇跡は、遥かなる過去から遥かなる未来まで繰り返される……。その存在の無限のなかから、現実の美として突然現れたものを見ている。わたしの**心**がわたしの内でおののいている。魂の奥底で、底知れない空間が細かく揺れる。わたしは生きているんだと激しく感じる。この光景との感応のなかに、天上的なものが明らかに身を隠している！　この光景の広大さがわたしに、わたしについて、わたしのなかの**命**について、わたしの存在のなかの天上的な核の部分について、話しかける。このつかの間の一瞬が、わたしに永遠を語る。**永遠**の、一瞬のアウトライン。

7月23日　感謝の気持ち

太陽が昇る前に起きて、わたしは朝の特等席に陣取った。今日という新しい一日の誕生をここからゆっくり眺めるのだ。

夏の空に浮かんでいた星は、しだいに眠りにつく。夜明けの気配。そして昇る太陽の壮麗さが徐々に海を明るくしていき、水平線の覆いを取る。夜の闇を根こそぎにしていくこの光の不思議さに、わたしは目をみはった。その瞬間、〈観想〉という言葉がひとりでに現れた。わたしは呼吸する。内側は不動で、鏡面状の水面に、別次元由来の無限の彩りの光沢が映っているのかもしれない。思索は口をつぐむ。もう問いはなく、もう疑念もない。わたしの頭にはこの言葉が浮かぶ。〈感嘆は、我々の内に通気を生む。そこに、永遠なるものが激しく光の速度で吹き込む――突然すべてが空っぽになった空間に〉（クリスティアン・ボバン）［原註29］。まるで、このおごそかな風景を作り上げて、わたしが心の底からそこに飛び込んでいくように促すために、神々しい力が結集したかのようだ。わたしはいたるところにいて、わたしはどこにもいない。わたしはすべてであり、わたしは何でもない。宇宙に溶解してしまうように。二つの世界の間に架かる橋になって、片足をここに、もう片足を他所に置いているかのようなくらくらする感覚。完璧な釣り合い。美しさの前にぼうっとなったわたしは、ヴィクトル・ユゴーのこの詩句と共鳴する。

すべてを満たすのは神　世界、それは彼の神殿
生きた作品　そこではすべてが神に耳を傾け　観想する！
すべてが神に話し　称える
神は唯一のもの　神はひとつ！［原註30］

受肉した「わたし」の平凡な必需品に関して話を戻すと、旅行家でもある宿の主人からのお接待に心から感謝し、その冷たいお茶のボトルをいつでも飲めるように装備した。ここで出会った都会の仲間たちが見送ってくれ、いとしいコウスケくんのエスコートで元気づけてもらったわたしは、再び歩き出す。コースは海岸線を離れ、その名前にふさわしい《横浪スカイライン》と呼ばれる道をゆくのだが、それがまた素晴らしい。かぶっている円錐形の菅笠の先端が、下方に見下ろす海の深遠さを鏡に映したような空の紺青に触れんばかりだ。右足「タック」「カラン」左足…。完全、空《からっぽ》、やってくる生命の満ち潮、クリスティアン・ボバンが言うところの〈虚空による絶対的支配〉。

この夜の宿泊場所、須崎《すさき》にある民宿《安和《あわ》の里》で、柔和な顔立ちに優雅な微笑みを浮かべた女主人に迎えられた。ウェルカム・ドリンクとしての抹茶（日本の緑茶の一種）をご馳走になる。お茶の葉を挽いて作られる細かいパウダーが、翡翠《ひすい》ムース［訳註：抹茶を加えたミルク・シェイク。ムース・

ドゥ・ジャッド」を思わせるクリーム状になっているのが特徴的だ。その洗練された風味に、わたしが居心地よく滞在できるよう、とても気遣ってくれる女主人の細やかさが重なり合う。事実、翌朝まで、彼女の尽きることのない思いやりにあずかることになった。

いい湯加減のお風呂に浸かっている間に、これから毎日、《ありがとうタイム》を設けようと思いつく。わたしに贈られた、この「存在の奇跡」に。与えられたこの時間に。わたしは生きていて、居合わせている、全面的に、今ここに。これは純然たる贈与なんだ！　わたしは生命のひとつの表現行為なんだ！　この四国での時間、そしてこれまでの人生を思うに、もちろん感謝する動機は尽きない。

野暮な余談だけれど、〈ありがとう〉の日本語の発音は〈aligato〉だ。字面的に連想を呼ぶ〈aligot〉はアヴェロン県の名物料理［訳註：ニンニクの香りをつけたじゃがいもの熱いピュレに、トムという種類のフレッシュ・チーズを加え、糸を引くまで入念に練り合わせたもの］だが、フランスのその地にわたしのルーツがある。そんなことも愉快だ。

7月24日　あいにくの遭遇

ヴォリュームたっぷりの朝食のあと、女主人は外まで見送ってくれ、わたしを抱きしめて英語で「happy」だったとまで言ってくれた。その輝く微笑みがわたしをほろりとさせる。おにぎりも持たせてくれた。小さな玉状に固められたお米で、塩《ナチュール》にぎりと、海藻《のり》、ごま、鮭やその他の味付けがされたものの詰め合わせ。さらには、硬貨とわたしの前途幸運の祈念の言葉が入った封筒も一緒に。第三十七番のお寺に納めるためだ。

再び歩き始めた。雄大な光景のなか、トンネルと海、カーヴする山道の間をうねるように続く道を選ぶ。濃い森のなかを通らなかったのは、上りが険しいこともあるが、特にそういうところに多数いるヘビを避けるためだ。実のところ、この〈修行の道場〉に入って以降、平野と山々の頂の間を蛇行する道のイメージどおり、この四国にはわたしをおじけづかせるその爬虫類が大勢棲んでいることが明らかになったし、一匹も見かけない日は今までただの一日もない。緑の、黒の、ベージュの、短いの、長いの……。まったく本物の屋外飼育場《ヴィヴァリウム》だ！　今のところ最高記録は、8時間で10匹！　この遍路道では、段階的に古い自分を脱ぎ捨てながら、秘儀伝授的《イニシアティック》な空気をまとっていくわけで、それがわたしを形而上的な深い思索へ向かわせる……。たび重なるこの「あいにくの遭遇」も、精神を清め、心を束縛しているものを取り除いて目覚めへ到達させるための試練の一部なのだろうか？　そしてもしもこの這う者たちが、無意識下を「うねうね」とうごめく暗闇のリヴァイアサン〔訳註：旧約聖書に登場する、海中に棲む巨大で最強の怪物〕の——あるいは、わたしの心の奥底にうずくまっている影の——メタファーだとしたら？　自己実現に向かって一歩一歩前へ進むためにに追い越していくべきもの、ってこと？　わたしは同様に、ヘビたちを、人生で出くわす試練ではあるけれど闘うべき相手ではなく、そこから教訓を見出すためにむしろ近しくなるべき対象のメタファーなのかとも考える。また、歩く巡礼者の現在進行形の脱皮――道を進むにつれて、その身に新しい皮膚をまとっていく成長――をほのめかす寓話の主人公なのかとも。

長いこと待ち焦がれていた自動販売機がようやく見つかり、小休止。そこで60歳の東京人《トーキョイット》のトシと知り合った。建築家で最近リタイアしたばかりの彼も歩き遍路だが、一気にではなく、何度かに分けて踏破する計画だという。わたしたちはそこから数キロ先でまた会って、讃岐うどんの昼食を共にした。この、手打ちの小麦粉の麺は、その硬さと滑らかな質感《テクスチュール》が特徴だ。海産物でとった出汁《ブイヨン》に入っているそれを、大きな音を立てて吸い込んで食べる。ここでもまた、空海は何らかの役目を果たしている！　言い伝えによると、唐の国に滞在した空海が、日本に麺を持ち帰った最初の人だというのである。

　わたしたちはこの日、同じ第三十七番のお寺の宿坊に泊まることになっていたので、一緒にそこを目指すべく午後の歩調を合わせた。ここまでの道中ほとんど誰とも出会わないことに耐えがたい思いをしていた彼は、こうして人と一緒に歩けるのがとてもうれしそうで、目的地までたどり着く気力を取り戻している。彼はこの容易ではない歩き遍路を、肉体的な挑戦として、また修道上の熱意から、さらには、自分の人生の現在の転機について熟考するために行なっているのだという。福島の事故以降の強い思いからハード・コアな反原発活動家となった彼は、納札にも自分の願いごととして熱心にその主義主張を記し、白衣の下に着込んだTシャツでも、その運動を誇りを持ってアピールしている。

第三十七番札所の岩本寺《いわもとじ》に到着。わたしたちは、般若心経にそれぞれの声を混ぜ合わせる。本堂の天井を飾る575枚の色とりどりの絵のなかに、マリリン・モンローが、仏陀や花々、孔雀などの絵と隣り合っている。わたしは空想へ飛び立つも、鼻孔は宿坊から漂ってくるしあわせないい匂いにうっとりしている。

8　光《菩提》へ向かうタラップ

〔訳註：続く愛媛県、「菩提（ぼだい）の道場」に対応する仏語が「Illumination／真実を明らかにする光」。英語では「enlightenment」〕

7月25日　生命の息吹

夜が明け、お堂での朝の法要。わたしは朝から心楽しい気分でいる。物憂げなマリリン・モンローの視線の下で行なわれるその儀式に、わたしはトシと、マリエ・ツジと一緒に参加した。マリエは大阪出身、27歳の歩き遍路で、昨日宿坊に現れた第三の登場人物だ。彼女と会うなり、わたしは直感的に行動するそのフランクな気質と、大きな白い眼鏡、それから髪の束を作るヘアスタイル《クエット》に好感を持った。マリエ・ツジが最初に出発し、わたしは東京に戻るトシとしばらく別れの挨拶をしていた。彼はわたしたちのこの出会いを本当によろこんでくれていたのだ。

話をしているなかで、トシはお寺の本堂に入る前にある鐘楼の、大きな青銅の鐘が持つ意味について教えてくれた。綱で吊るされている太い木の棒（撞木《しゅもく》）を水平につくのは、煩悩を遠ざけるだけではなく、わたしたちの心の深部にある陰鬱なものも追い払うためなのだという。わたしはそれぞれの寺院で、自分の存在の奥底をかき回して刺激してくれ、身体の隅々まで広がっていくその有音の振動を吸収する。多くの場合、わたしはそのまま動かず、目を閉じ、最後のヴァイブレイションが消え去るまで耳を傾けている。そして、浮かび上がってくる静寂の君主権。偉大なる静けさ。ポール・クローデルは鐘に、〈まさしく人間に響きわたり、その器全体を目覚めさせる力〉［原註31］を見ているだろう。

この日は「〈56〉の旗」に導かれながら歩いた。国道55号線の灼熱のアスファルトの次にわたしを待ち受けるのは、エンジンの騒音とどろく56号線――それをおよそ30キロ、一歩一歩進むのだ。右足「タック」「カラン」左足……。次の寺院はここから87キロ先にあり、巡礼路の寺と寺の間隔としては最も長い区間になる。山々。海。大切な、飲み物の自動販売機。光を放つ標識が並べられた公共土木工事の現場の数々。そこではこぎれいな交通誘導係の人たちが、わたしの安全を注意深く確保してくれる。旗やバトンを優雅に振りながら人や車の往来をコントロールして通り道を作ってくれ、丁重なお辞儀でこちらに挨拶する。時間をかけて見とれてしまう水田。鋭敏になったわたしの感覚が、一面に広がった華奢な草を撫でていく風のそよぎに釘付けになる。稲草が風で波打つ動きがわたしに、スタジアムで起きる「オラ《ウェイヴ》」を連想させる［訳註：仏語には波を意味する「ヴァーグ」という言葉があるが、この場合はなぜかスペイン語の「オラ（波）」が好まれ、ウェイヴを作る瞬間にしばしば「オーーーラーーー！」という掛け声が添えられる］。「水田のオラ」と勝手に命名したこのスペクタクルに遭遇するたび、わたしはゆっくりとそれを眺めながら、純粋なよろこびを感じていた。ずっと前から、マダガスカルにヴェトナム、インドネシアあるいはブラジルで、わたしはこの水田のスペクタクルに魅了されてきた。そのしとやかな稲草の茎は、今、この瞬間において完全にもたらされる生命の息吹をさらりと迎え入れる。偉大な禅師の教えに匹敵する光景！　オーーーラーーー！

海を臨む場所にある民宿に到着。そこでの陽気な夕べが一日を締めくくる。泊まっているのは日本人の若いアスリートたちで、彼らの笑い声が響いている。わたしのディナーは、ちょっとした海の賛歌だった。刺身、海老のテンプラ、魚の干物——すごいご馳走！　奥深き海の恵みだ。

7月26日　輝ける祝福

昨夜のご馳走《アガペー》に負けず劣らず立派な朝食で、素晴らしい《ディヴァイン》一日の幕開けだ！

6時30分、二本の杖が風を切りながらアンサンブルを奏で始めたときには、すでに陽射しは強く照りつけ、空気は重々しかった。ほんの少し歩いただけで多量の汗が噴き出る。顔じゅうに汗の粒が浮かび、目に入った。

騒々しい国道56号線は太平洋岸をゆく。何人かのサーファーたちが、波がうなり声を上げる紺碧の巨獣に挑みにやってきている。鉛色の重しのような圧迫感を漂わせ始めた雲が覆う空の下、わたしは四国で最も長い川、四万十川を越えた。蝉たちもその歌を止め、アオサギも口をつぐみ、歩き遍路は足を速める。雷雨の恐れがひしひしと迫っている。そうしているうちに、たいへんな轟音とともに天空が引き裂かれ、水瓶が傾けられた。しずくが、菅笠のへりから筋を引いて流れ落ちる。道沿いのレストランに逃げ込むまでに、いったい何リットルの雨を身に受けただろう。そのレストランでは漢字で書かれたメニューがほとんど助けにならなかったので、わたしは大切な会話基本集を取り出し、できる限り美しい日本語風アクセントで話した。

「Konichiwa !」

「Jimoto no meibutsu o onegai shimasu kudasai. Omakase shimasu.」

〈ああ時間よ、おまえが飛び立つのを遅らせておくれ!〉(アルフォンス・ドゥ・ラマルティーヌ)[原註32]。わたしの日本語の発音に審判が下るまで、時間が一瞬固まる……。見たところ、どうやら音声学的にそれほどひどくはなかったらしい。わたしが話すのを聞くために一瞬食事を中断し、厳粛な沈黙を作ったその場のお客さん全員が、うれしそうに何やら議論を始め、それぞれが自分の提案を披露し合って、わたしに新しい食の体験をさせてやろうとしているようだ。調理場から漂ってくるいい匂いが、大きな期待値にすでに応えてくれている! 湯気を立てた大きなどんぶりに入ったうどんがわたしの前に運ばれてきた。四国名物の小麦粉で作った麺がスープに入っていて、そこに魚や海藻が添えられていた。

わたしはそこで思いがけず、心魅かれる極めて魅力的な家族と知り合った。40代の女性、彼女の二人の子供と彼女の両親だ。この若い婦人は合衆国に移住し、カリフォルニアやワシントンで暮らしている。現地で牧師と結婚したのだという。出発する前に彼女はわたしの手を取って祝福を与え、わたしに神のご加護を願ってくれた。ル・ピュイ=アン=ヴレで受けたサンティアゴの巡礼者への祝福の祈りが再びこだまする。ほんのちょっと前まではまだ見知らぬ人だったこの心優しい人との間に生まれた親密な関係が、深くわたしの琴線に触れる。わたしは、彼女がわたしのために天に向けて祈ってくれた言葉に感動した。あなたとわたし、わたしたちはひとつのものに過ぎない……。連結している。わたしたちの間の違いを超えて、わたしたちの胸のなかでは同じ心臓が鼓動している。同じ呼吸がわたしたちを生かしている。外では雨風がまだ猛威をふるっていたとしても、わたしのなかの聖堂は優しいそよ風に包まれ、輝く陽の光にあふれている……。

長いお昼休憩を終えてもまだ、大粒の雨が降り続いていた。生ぬるい蒸気が地面から立ち昇っている。わたしは通り抜けるまでに2キロ近くある、新しい新伊豆田トンネルに差しかかる。このトンネルのいいところは、それだけの距離、空の激高を免れられるという点だ！　とはいえ、車の多さに対してはしっかり警戒しなくてはならない。ここには歩行者の安全のためのガードレールも手すりもなく、低いコンクリートの盛り上がりで歩道部分が区別されているだけだ。空海に庇護を祈ったあと、ヘッドライトを点滅モードにして装着し、忠実な相棒である鈴の音も護ってくれると信じ、この陰鬱な貫通路に進入した。ちょっとヨロッとしただけでこの冒険に終止符が打たれてしまう可能性があるので、わたしはトンネルの内壁に最大限、身をすり寄せて歩くよう注意する。弘法大師のお力がわたしとともにありますことを！　空海がわたしの傍らを歩いていることを、わたしは疑っていない。わたしの杖にも菅笠にも、〈同行《どうぎょう》二人《ににん》〉、つまり「弘法大師と二人で歩いている」って書いてあるんだから！

とにもかくにも、開けた明るい場所に出て自然の大気を取り戻すことがこんなに安らぐことだとは！　トンネルの出口では細かい雨がわたしを待っていたけれど、全然ウェルカムだ。

商店が集まっている地域に来たところで化粧室を見つけ、そこで身体を乾かした。このとき、70歳代の歩き遍路であるフジさんという男性と知り合う。面食らってしまうほど活力に満ちた彼は、強い光を放つ目でわたしに微笑み、その姿からは何が起きても乱れなさそうな冷静さが漂う。さらには神秘の光輪《ハロー》が、この特異な人物を包んでいる。彼はこのトイレで夜を明かしたらしく、その間、うまい具合に取り付けた物干し用のロープに、びしゃびしゃに濡れたリュックサックの中身をひっかけて乾かしていた。彼が持ち歩いている品物は、食料品店さながらのものだった。広口瓶に入れたウメボシ――皺くちゃで酸っぱくしょっぱく漬け込んだ「スモモ」だ――、それから干した魚、乾いた海藻、塩飴。そうした備品、持ち物、その場所での落ち着きぶりからして、彼はどう見ても筋金入りの遍路、といった感じだ。その見立ては、お互いに大切な納札を交換したときに裏付けられる。新米遍路が使うわたしの白い札に対し、彼のはスペシャリストが持つ赤い札だったのだ。実は、納札は四国を巡礼した回数によって使っていい色が決まっている。白は4回以内の人用、緑が5回から7回、赤が8回から24回、銀色は25回から49回、金色は50回から99回。そして錦（金襴）の納札を使えるのは100回以上巡拝したお遍路だけだ。わたしは、率直な笑顔でうやうやしく「Sugoi」を何度も口にして、彼に感嘆の気持ちを表した。それに対し、彼はまったく慎み深く、表情ひとつ変えないのだった。

下ノ加江《しものかえ》という集落にある民宿の、またも感じのいいもてなしがわたしを待っていた。まずは、ぐっしょりと濡れた大切な靴を念入りにケアし、下駄箱に収める。同様に大切な伴侶である杖の手入れ。杖は毎日その先端部分を洗い、部屋の上座や床の間に置いておく。地面との接触の繰り返しによって、もし杖の先が激しく擦り切れたりささくれ立ったりしても、弘法大師の化身である杖をナイフなどで削るのは冒涜的な行為とされる。

ここではマリエ・ツジとの再会をよろこんだ。相変わらずキュートな彼女だが、約30キロの苦しい行程でへとへとに疲れた様子だ。この夜、わたしはハイテクノロジーの最先端をいくこの国で、全自動ではない洗濯機を目にして、旅の仲間と困惑の瞬間を分かち合った。

この場所から、四国最南端で第三十八番の寺院がある足摺岬までを往復し、2日後に再びこの家族的で温かい雰囲気を味わう予定だ。

7月27日　大笑い

出発の時刻。スリッパを脱いで、完全に乾いている靴に足を入れる。空を見上げると、光に満ちた好天の一日……を通り越して酷暑の予感。歩き出した道が美しく、歩みを快活に運んでゆく。大岐《おおき》の浜という海岸に下り、太平洋の冷たい水で足をリラックスさせながら砂浜に痕跡をつけた。たくさんの家族連れがピクニックに来ている。今日は土曜日。サーファーたちは、大洋の旋律と調和をとりながら滑走している。こんな軽やかでのんびり寛いだ情景が心楽しい。

またしばらく行ったところで、ひとりのバイク乗りが路肩にバイクを停めてわたしのほうへ向かってくる。その彼とのフォト・セッション。「ありがとうございます」と言いながら、彼は果てしなくお辞儀を繰り返した。

わたしは敢えて草木の生い茂る薄暗い横道に入ってみた。切り落とされた木の枝に覆われた地面には、やっぱりヘビがうじゃうじゃいる。一匹踏みそうになったのをかろうじて避け、結局アスファルトの道へ迂回した。美しい小さな集落に入り、落ち着けそうな日陰を見つけて休んでいると、おじいさんが上品な礼儀作法とともにお茶を運んできてくれ、そして、家のなかへと戻っていく——見ていたテレビの前へ——目が覚めてしまうような大音量の！　……そして、サロンの似合う粋な女巡礼者がここに。のどを潤しているのはひょうたん（水筒）の水じゃない。片手に陶器のお茶碗、もう片手にはティーポット。

右足「タック」「カラン」左足……。魅力的な村落と漁港の風景が続く。次の休憩では、ちょっとした自分へのご褒美として村の水族館へ立ち寄ってみる。地元の魚と鮫、鯨類が隣り合っている。下世話な話だけれど、そこのトイレで新発見をした。人がなかに入ると、センサーが反応して滝の流れる心地よい水音が自然に流れ始めるのだ。つまり、それで起こり得る好ましからざる音を覆い隠してくれるというわけ。毎日びっくりすることの連続だ！　そしてこの一日は〈笑いの日〉というスタンプを捺されたような日だった。

　ある小さな缶詰工場の脇を通ったとき、建物の外でひとりの女性が灼熱の太陽の下、忙しそうにマグロの皮を剥いでいた。彼女はわたしに気づくとその仕事を中断し、汗びっしょりの額を拭きながら、マグロの小皿にわさびと醤油、箸を添えたものを用意してくれる。工場のなかで食べていけというのだ。わたしが建物のなかに入っていくと、一瞬その場の空気が固まり、その直後、工員たちの間にまたもセンセーションを巻き起こした。彼らは仕事の手を止めて、わたしの座る椅子を取り囲むようにして座っては、好奇の目で、お皿から最後のひと切れが消えるまで、わたしをじっと見ていた。

「Arigato gozaimasu. Oïshi kata !」

「どういたしまして。がんばってください！　気をつけて！」

　そしてわたしは、二片の大きなマグロをいただいて再出発。なんというお接待！

　そこから少し先で、徒歩とバス移動を組み合わせているお遍路グループと出会った。カメラのフラッシュがパチパチ光り、順番にわたしの隣に来てポーズをとる。

　こうした愉快な出会いのあと、現地に「七不思議」として伝わる各ポイントの順路に従いながら、遂に足摺岬に到着。ここは見物に値する、本当に素晴らしい名所だ。白亜の灯台を戴く断崖絶壁に、激しい波が寄せては砕け散っている。展望台の方角指示盤が、黒潮に浸食されて形作られた、高さ80メートルの絶壁を見下ろしている。

金剛福寺《こんごうふくじ》はとても海に近い場所にある。本堂の入口で参拝者を迎えるのは、奉納された巨大な亀の石像。それから境内の見事さが傑出している。中央には、薔薇色、灰色、黒の石で縁取られた大きな池。それを囲むように建物や彫像が配置されている。空海はこの寺を建立したあと、谷川から湧き出るお湯に浸かってその疲れを癒したといい、それが四国で最も南にある現在のあしずり温泉郷のルーツになったのだとか。

この日の行動を停止《フェルマータ》する場所は《民宿はっと》だ。ここでまたマリエ・ツジと再会した。彼女は面倒臭そうな様子を一切見せることなくわたしの通訳をしてくれる。宿泊客が二人だけだったこともあり、わたしたちは宿主からお姫さまのように大事にされた。その主人は社交的な漁師で、豪傑ぶる退役消防士、実に多弁で常に冗談交じり、魅力的でエキセントリック。ちょっと言葉では言い表せない分類不可能な変わった人なので、ぜひ実際の彼に会ってみてほしい！　とにかく、彼は自分の屋根の下に若い女二人を迎え、とてもごきげんの様子だ。いわゆる慣習的なお決まりの礼儀正しさなんていうものは、その終わりなきマシンガン・トークのなかでは溶解している。自称「プレイボーイ」の彼が、女性オーディエンスからの喝采を狙った忘れがたいワンマン・ショウで夜を楽しませてくれた。わたしは、この目で発見した、日本社会ではかなりマージナルな人物《アウトサイダー》に魅了されてしまう。そのあけっぴろげの態度が、実に慎み深い日本人の姿を信じてきたわたしの信仰に疑問符を貼りつける。

彼の奥さんが、海の素晴らしさへのオマージュたる豪勢な夕食を用意してくれた。お皿の上には、優雅に切り分けられた鰹を中心に、さまざまなお刺身が綺麗に盛られ、たくさんの植物による装飾がこの絵《タブロー》を仕上げている。偉大なる美食《ガストロノミー》！

それからこの晩またまた大笑いしたのは、マリエ・ツジがわたしにフランス映画の知っている名詞を挙げて聞かせたときだった。

「Sophie Malceau《ソフィー マるソー》、Amélie Poulain《アメリ・プーラン》、John Lennon《ジョン・レノン》……」

「John Lennon ?!」

実は、そこは〈Jean Reno〉と聞き取るべきところだったのだ。たったこれだけの滞在では、日本の音声学のエキスパートにはなれっこない！〔訳註：これも日本語に仏語の〈R〉の音が存在しないことで起きる齟齬の話。マルソーも正しくは〈Marceau〉。〈ジャン・レノ〉をカタカナ読みした音は、フランス人にはごく自然に〈John Lennon〉を想起させる〕

7月28日　気前のよい施し

わたしたちの「プレイボーイ」にさよならするときがきた。彼は、別れのフォト・セッションのためにおめかししている。背の低い彼は、わたしたちと同じ高さで写真に写ろうと、洒落っ気たっぷりに階段を四段も上った。わたしたちはよろこんで、その朝の演出に応じる。この上なく感じのいい一日の始まり！

前日同様、マリエ・ツジが先に出発した。彼女の歩くテンポはわたしよりも遅い反面、持久力はたいへんなものだ。彼女は夜の宿泊場所まで、まったく休憩をとらないという。

右足「タック」「カラン」左足……。歩き出しのウォーム・アップの最中に、昨日会った遍路グループと再び出くわした。次いで、海岸沿いのコース。咲き乱れているツバキの色鮮やかな美しさが目を楽しませる。とても綺麗だ！

何台もの車が、わたしをどこかまで乗せて運んであげようと停まってくれ、その申し出を辞退すると、運転手はかなりの頻度であっけにとられた表情をする。あるカップルが乗った車がそうやってわたしを残して行ったあと、しばらく先でわたしのために食べ物を両手に抱えて待っていてくれた。繰り返し何度も、彼ら、人類の「兄弟」はその扉を気前よく開いてくれる。それがわたしの心を打つ。驚いたことに、巡礼者を泊めてくれる人までいるのだとか。本当に毎日、驚きが続く……。わたしは満ち足りている！　あなたとわたし、わたしたちはひとつのものに過ぎない……。生涯のリフレイン。

わたしはスーパーマーケットの前の休めるスペースを見つけ、重くなったリュックから未知の食料品をいくつか取り出してみた。目新しい色や食感、風味、謎めいた魅惑。本当に貴重なものを昼食としていただいている。

前日と同じ道を、今度は逆方向に戻る。一度歩いた道なのに見え方が違う。大岐の浜の砂浜を踏みしめるよろこびも、再び味わった。

民宿まで、東京から来た29歳の遍路タクミと歩いた。ちょっとした会話をするのに充分な英語を話す彼は、わたしの健康や身の安全を心配してくれるのだが、その気持ちの表し方に笑ってしまった！　彼は、必要不可欠なものだと言って、緊急連絡先の電話番号を書いた紙まで用意してくれた。そこには彼自身の番号、警察（１１０番）、それと緊急通報用（１１９番）。いやはや、彼は本気で言っているのだ！

7月29日　自然界への称賛

美しい光に歩みが吸い寄せられる。空は、そのサファイア色の広大さでわたしを夢見心地にする。今日は気温は穏やかだし、靴底も軽やかだ。

歩き始めて10分ですでに、わたしの靴すれすれに逃げていく最初のヘビを見る。その後、この日一日で10匹以上のヘビと出くわした。記録更新！　わたしがヘビ恐怖症でなくてよかった……とはいえ、ずっと用心し続けなくちゃならないという状況にもだんだん疲れてくる。

わたしの好みからするとより好感が持てる動物界とのまた別の接触が、わたしの足を止める。車道の真ん中に平然と陣取り、くすねてきた米を食べている猿の群れと出くわしたのだ。わたしは先日出会った猟師たちのことを思い起こし、今、事の意味が分かる。猿たちはわたしを見つけ、敏捷な動きで逃げていった。これまでも鳴き声は耳にしていたが、実際に目にしたのは初めてだ。蝉たちもまた、羽を元気にこすり合わせながら、その鋭く密度の高い泣き声で、木から木へと呼びかけ合っている。朝から夜まで根気のよい聖歌隊員たち。

下ノ加江川《しものかえがわ》に沿った舗装道路。わたしはその道を、水田や赤杉の丘を横切りながら太平洋から遠ざかっていく。お遍路のための休憩所（遍路小屋）があったので小休止。飲み物を補充するのにも好都合な場所だ。今日の道筋には、わたしが常に利用している飲料の自動販売機（奇特な真夏の歩き遍路にとっての祝福スポット！）が目に留まらなかった。マリエ・ツジがやってくるのが見えた。彼女は、ほんの一瞬だけ休憩につき合ってくれ、またすぐに、その粘り強さで歩き出していった。

穏やかな小道を抜け、道幅のある交通量の多い道路に出る。そこで30代の歩き遍路、ミヤヅキに追いつく。彼は前日に50キロを踏破していたせいか、疲れ切っていた。昨晩は星空の下でほんの数時間睡眠をとったあと、真夜中の1時半にまた歩き始めたのだという。すごい！

民宿に到着したのは15時だったので、背中の荷物を下ろしたあと、2キロ先の第三十九番の寺院、延光寺《えんこうじ》まで充分歩けた。そしてそのお寺にはうれしい驚きがあった。山門のなかに階段がないのだ。数々の建物が同じ高さの平面に配置されている。歩き遍路は、こんな些細なことによろこびを感じるのだ！　蝉たちのオーケストレイションが押し寄せ、巡礼者のグループが朗詠している般若心経のヴァイブレイションと絡み合う。自然界と人間性が、この超越性のきらめく協奏曲《コンチェルト》のなかで親密に結びついている。なんて素晴らしいんだろう！　わたしは聴き、迎え入れ、瞑想する。

宿泊場所へ戻ってみるとタクミも着いている。自らの原初的な感情のほとばしりに忠実な彼は、わたしの明日の夜の宿泊場所の予約をしてしまう。彼と同じ民宿に、だ。

第3章 《この地の鍵》

第四十霊場～第六十五霊場

［伊予（現：愛媛県）］

菩提の道場

奇跡とは水の上を歩くことではなく、今この瞬間に緑の地球の上を歩いていることであり、今、享受できるこの美しさと平和をありがたく思うことである。

――ティク・ナット・ハン『それ自身としての平和、進行中の平和』

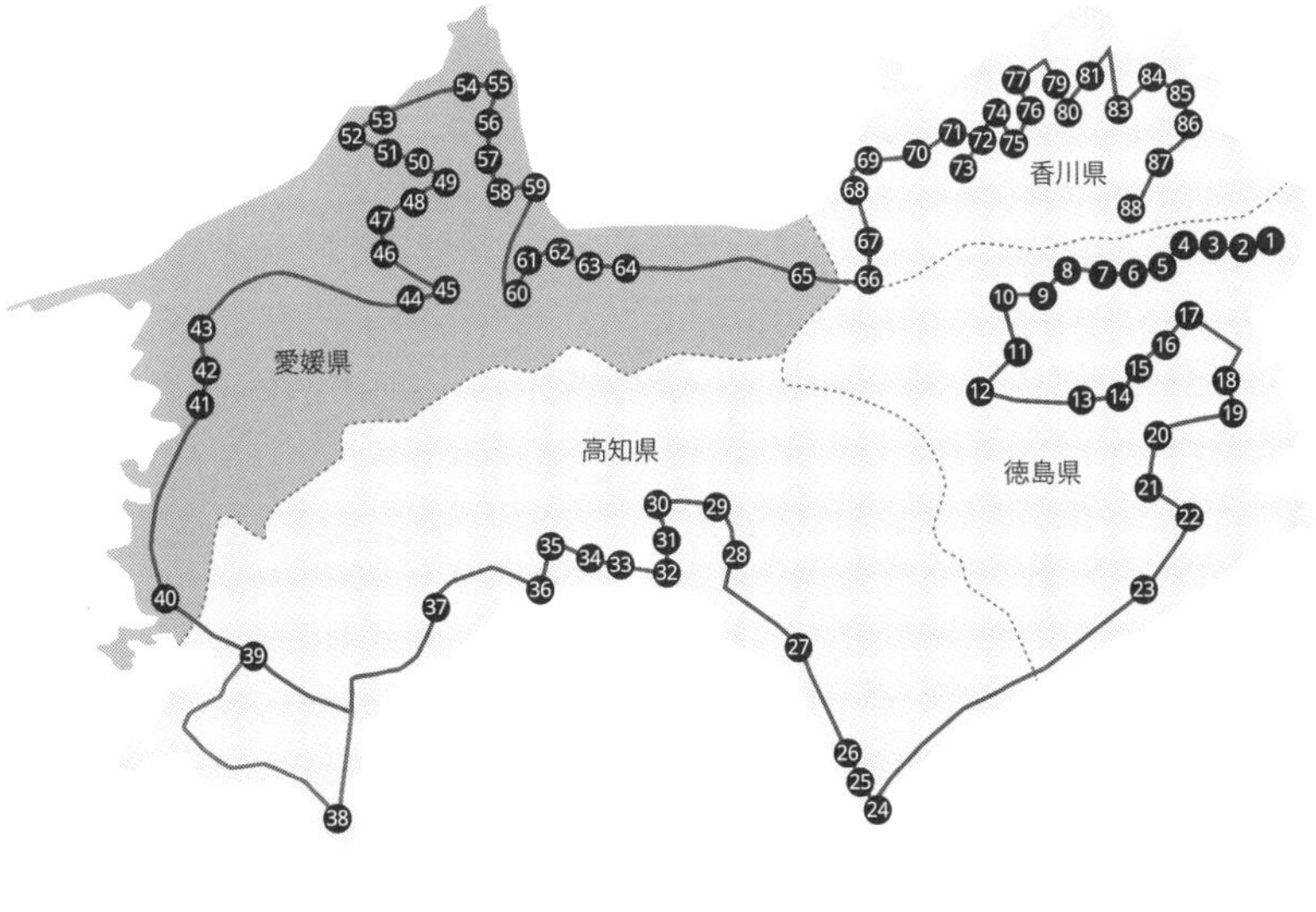

9　存在することの味わい

7月30日　今、この瞬間の絶頂

これで、〈修行の道場〉を確かに歩き切ったことになる。今日は、愛媛県に入るのだ。面白いことに、いくつ目か忘れてしまったトンネルの、ちょうどその出口が〈ニルヴァーナ（涅槃）の道場〉へと向かう新たなステージとなる〈イルミネイション（菩提）〉の地をわたしが初めて踏む瞬間なのだ。暗がりから、光のもとへの移行。象徴的な復活を遂げる毎回の小さな死《オルガスム》。巡礼者の前進とはまさにそれで、お遍路は、その移行《パサージュ》から移行《パサージュ》へと渡り歩く通行人《パサン》なのだ。

遍路道を進むにつれ、そして納経帳《のうきょうちょう》の墨書《カリグラフ》が積み重なるにつれ、歩調はますます機敏になってきている。日々のがんばりで鍛えられてきた身体は、毎日、より一層解放されていき、感覚は研ぎ澄まされていく。歩くリズムも安定している。時間は、わたしの歩くテンポのあとを滑らかについてくる。

軽やかな「風」に運ばれているような、そして親愛なる家族や心からの友達の思いに付き添われているような、心地よい気分を味わっている。

自由に回転する車輪《フリーホイール》のような心《エスプリ》で、わたしは実際の興奮と落ちついた静けさを同時に感じている。まるで生命の輝きが、存在物としてのわたしのなかに、ますます活発な自分の「存在《プレゼンス》」を拡散して、目の前で進行中の素晴らしいものごとを指差しているかのようだ。幸福感のタンクはごくわずかのもので満たされる——小休止、かぐわしい香り、視線の交わり、交わされる微笑み、手振り、ご馳走になるお茶、他者との出会い。グレヴァン蝋人形館の展示物みたいに硬直した日常を送るなんて、もうあり得ない。

　これからは、存在《プレゼンス》のまた別の特性を自覚する方向へ進もう。今、この瞬間の体験を、完全に生きるのだ。

　そんなふうに、この旅路はますます内省的になっていく。歩き続けるそれぞれの日が、新しい精神的体験のようだ。〈イルミネイション（菩提）〉って、わたしたちの心の深層に潜んでいる闇を、光に変えることなんじゃないのかしら？　金色の真珠に一変させるそのスピリチュアルな錬金術のために、まずは自分のなかの薄暗い領域を認めることなのでは……？　〈きみは俺に泥を贈り、俺はそれを金にした〉（シャルル・ボードレール）［原註33］。イルミネイション（菩提）……。わたしたちの崇高な本質を自覚すること。わたしたちの出自である「**光**」の方向に、わたしたちを導く星の方向に、ヒマワリのように自分の向きを変えること。

　国道56号線を歩き、第四十番札所の観自在寺《かんじざいじ》に着いたとき、ご朱印をくれる人《カリグラファー》との快い交流があった。わたしたちは、言葉とデッサンとでコミュニケイションを試みた。

「This is the Eiffel Tower. In Paris, I live nearby.（これはエッフェル塔。わたし、パリでその近くに住

んでるんです)」

「えーっ！　すごいねー！」

マリエ・ツジが着いたとき、大切な仲間の到着に気づかなかったくらい、わたしたちは納経所で大笑いしていた。

民宿でタクミと再会すると、わたしがつつがなく到着したことにほっとしたみたいだ。麺(うどん)のセルフサーヴィスのレストランに行って、3人で楽しく夕食をとった。そこは自分で麺を温め、トッピングや薬味を好きに入れる方式だ。そのあと、あるお寺に行き、デザートとしてアイスクリームを食べた。というのも、今夜はお祭りだったのだ！　ぼんぼりが照らすなか、我々外出中の歩き遍路3名にフラッシュが浴びせられた！　どうしてそうなってしまうんだか。

7月31日　白熱状態

六時、宇和島までの40キロの道のりに挑むため、タクミと民宿の女将さんの応援を背に受けて出発。凍らせた1リットルの水(1時間後には液体に戻っていた)と大きなグレープフルーツの入った重いリュックを背負って歩き出した。海沿いの道は交通量が多いけれど、そこからの眺めは壮麗だ。時間を追うごとに増していく光が美しい。

海を間近に感じながら、その、みなぎるエネルギーに近づけるしあわせ。わたしは順調に何キロも歩き続ける――右足、左足……。最初の休憩で、背中からグレープフルーツの分の重量を減らすことにする。食べ終わった瞬間、一台の車が目の前で停まった。わたしの心を射抜くお接待のありがたさ。リュックの奥には、今食べ終わったのよりもさらに大きなグレープフルーツ！

真珠貝で名高い沿岸の漁村を歩いていると、わたしはここでも人々の好奇心をそそってしまう。いつもの一連の質問によろこんで応じるが、その返答も、もう、すらすら口から出てくるようになった。

「Watashi wa Marie desu.」

「Furansujin desu.」

「Paris kara kimashita.」

「Aruki henro.」

「Hitori.」

クルミの殻のように皺の深い漁師が、わたしに、二本だけになった歯を見せてニカッと笑いながら、おどけて「I Love You」を贈ってくれたかと思うと、彼の漁師仲間は、自動販売機でのどの渇きを癒すようにと、硬貨がいっぱいに入った小銭入れを下さった。

太陽の力は今まさに絶頂にあり、さすがに猛暑に耐えられなくなってくる。午後の暑さは圧倒的で、歩いても歩いても続く道に、朝の熱意はどんどん萎えていく。二本の杖――それも燃えるように熱い――を握り続けること自体がひとつの試練になっている。自分がアタノール――錬金術師の使う炉――のなかで、原料から精髄《エッセンス》を抽出するために炎が燃え盛っている化学変化のプロセスの真っただ中にいるかのような気がする。そう、わたしは実際に自分が、自らの根本部分が急激に変化することに従順な姿勢で向き合っている元素的な物質だと感じる。そこから最後にゴールドが取れたりするんだろうか？

結局10時間以上、路上にいた。いくつもの商業地域を横切りながら歩きっぱなしのこの一日が、果てしなく続くような気がした。夜、へとへとに疲れて半分眠った状態で、歩いた行程を思い返しながら満足している。この一日でわたしは、日陰でも40度あるところを40キロも進んだのだ。今日積み上げたものは、我ながら感動的だ！

8月1日　活発な存在《プレゼンス》

わたしは、自分の体内メカニズムに潜んでいた驚くべき回復力をあらためて目の当たりにする。今朝、タタミの上で快活なダンス・ステップをちょっと踏んだだけでそれが分かった！　昨夜フトンの上に崩れ落ちた身体と、同じものだとは思えない。

制服姿の子供たちが大勢、徒歩や自転車で通学する時間帯に宇和島の市街地を横断する。彼らはわずかにおびえたような笑みを浮かべながら、わたしが通るのを見ている。

またも大きな道路を行く。が、そのあとには、川と田んぼの間をくねるように続く、わたし好みの牧歌的な小道が現れる。今日も素晴らしい一日だ。目に映る情景《イマージュ》が、記憶に蓄積されていく。

「Hello !(こんにちは！)」

第四十一番の札所、龍光寺《りゅうこうじ》で、静岡出身、34歳の若い歩き遍路ヒデヤと知り合う。漆黒の髪の毛をポニーテールにまとめていて、その目には、すぐにおいたをしそうな子供の茶目っ気があり、気取らないその自然さが存在感を輝かせている。話を聞くと、熱心な瞑想家である彼の態度にも、生活様式にも、胸に迫るものがあった。かつての巡礼者のように藁の草履を履いて軽やかな機敏さで歩くその足取りは、道にしなやかに順応し、周囲と一体化している。枯葉の上に積もった枯葉、石ころだらけの細道に転がる岩、タールを舗装材に使ったアスファルトのような、あるいは自然の力《エレメンツ》と共生しているような、そんなちょっとしたファンタジックなところにすぐに好感を持った。

次の目的地、第四十二番の仏木寺《ぶつもくじ》までの行程は、田んぼ、木の茂る丘、人間よりも人間っぽい案山子《かかし》の立っている耕作地などを横切っていく。寺に上っていく山あいの道はとても穏やかだった。蝉の鋭い鳴き声と木々のさわさわ揺れる音。そんな自然のコンチェルトに耳をすませる満ち足りた聴衆のわたし。

途中でヒデヤと再会し、この地球のシンフォニーに自分たちの歓喜のメロディーを加える。

「アイ・フィール・グッド、ティラ・リイラ・リイラ・ラ！」――ジェイムズ・ブラウンの知られたヒット曲を、二人それぞれに勝手な振り付けを加え、あらん限りの声で歌った。そのあと、昼寝するヒデヤを残し、わたしは歯《は》長峠《ながとうげ》越えを目指して再出発する。ひとり減ったものの、依然として口をつくこのリフレインとともに。「ウォ！　アイ・フィール・グッド、ソー・グッド、ソー・グッド！」　ああ、この旅で何度、そう感じたことだろう！　わたしはここに天上的な光を感じ取っている。神はこれらの全部の道を散歩してるんじゃないかしら——教会の壁に、硬直し客観化された像として掛けられているだけではなくて。いずれにしても、わたしは確信している、この旅路に神がやってきて落ち合っていることを。で、なかったら、もしかするとわたしのほうが会いに行ってるのかな？　どっちが正しいかはともかく、このところわたしたちはしょっちゅうすれ違っている気がする！

　というか、思うに、わたしたちはすでに定期的に会ってきた。あらゆる美やよろこびの時間のなかで。キリスト教はわたしのなかにある。けれど、それは毎日、新しいもので飾られていく——ティク・ナット・ハンから、カルルフリト・グラフ・デュルクハイムに、ジャン＝イヴ・ルルーまで、さまざまな人たちから得たスピリチュアルな教訓に触れて考えるなかで。そしてこの神聖なる寺院を巡る道すがら、仏教はわたしに、自分自身の最も聖なるものに向かって自分を開く上昇運動のなかで、自分の意識を目覚めさせるように促している。満ちる心、神秘の力強さ、現在形の体験、熱意への入口……。**存在**の境界線をたどる巡礼の旅なのだ。

境内が数々の石で彩られた第四十三番、明石寺《めいせきじ》の美しさ。明光を放つ石と読める寺の名前にぴったりだ。そのあと、わたしはまた幹線道路の国道56号へ戻り、再び数々のショッピング・センターや電飾看板の狭間をゆく。宿泊場所に着いたときには18時を回っていた。そして19時にはすでに深い眠りに落ちていた。

10　あるがままの道

8月2日　もろさ

空が雲をいっぱいに詰め込んでいるおかげで、太陽光線の襲撃から逃れられている。長い距離を歩くには、これだけでずいぶん違うのだ。右足、左足……。騒々しい国道、工業地帯、鉄道。途中車が何台も停まり、都合、お茶何リットルか分のお接待を受ける。交通量の多い道を外れ、感覚を頼りに森のなかの抜け道を進む。そうしているうちに、薄暗い鳥坂《とさか》トンネルの方向に出てしまった。なかには歩道がなく、単に線が引かれた細いスペースがあるだけ。ガードレールもない。あらためて親愛なる弘法大師のご加護をお願いし、ヘッドライトを揺り動かして歩く。すごいスピードですれすれのところを通り過ぎていくトラックに今にもはねられそうで怖い。この服従の道が、自分のもろさをとことん自覚させる！

「タック」「カラン」……。わたしは十夜ヶ橋《とよがはし》［訳註：愛媛県大洲市の寺院、永徳寺の通称］に寄り道してみた。寺の境外にある橋の下で、弘法大師がひと晩野宿をしたと言われている場所だ。巡礼者は、いかなる橋を渡っているときでも、その間は杖をつかないことになっているのだが、それはこの十夜ヶ橋が由来となっている。空海の安眠を妨げないように、という配慮だ。でもこの車のけたたましい騒音から考えるに、空海は不眠症なんかにはほど遠い人だろう！

一日の終わり、下草の生えている静かな場所に再び戻って、そよ風を受けてゆらゆら揺れる稲穂を眺める。なんてしあわせなんだろう……。疲れを知らない、物憂げなダンス。この天空の大いなる呼吸の内に、神々しい風のそよぎを感じる。

民宿のもてなしは、またも「心遣い」そのものだった。そこでタクミと再会するが、彼は今もまだ自ら負ったわたしのボディーガードとしての責任をとても重大にとらえている。

この夜は5人の巡礼者が泊まっていた。宿での遍路密度の新記録！　そして夜になっても「音の一日」は続いた。枕もとの隣人たちとは薄い障子の戸一枚で隔てられているのみで、わたしは寝ている両隣人たちの、ガーー……ピーー……ズズズズ……という音に打たれ続けていた。ひつじを数え、お茶の葉を数え、米の粒を数え……結局明け方まで眠りにつくことができずにいる。このつらさにじっと耐えながら、コンポステーラ巡礼路の宿泊所の共同寝室での、何日かの眠れなかった夜を思い出している。あのデシベル値は、ときにはシャルル・ドゥ・ゴール《ロワッシー》空港周辺のそれと比べても遜色ないものだった。

8月3日　はかなさ

美しさが一日しか持続しないサボテンの花々を前に、我々の今生の滞在のはかなさを思いながら、新しい24時間がスタートする。一瞬一瞬を、ゆっくり味わって楽しもう！　目の前で起こることへの出席者でいよう。すべては移ろいゆくのだ。我々のものは何もない。すべては人類全体のものだ。すべてが通り過ぎるように、我々は世界の道々の通行人《パサン》に過ぎない……。そんなことはまったく明白なことだとあなたは言うだろう。確かにそうなのだが、我々はそれをあまりに忘れがちだ。今現在の人生の素晴らしい冒険において、寿命とは毎日新しくなるあけぼのの連続のことだ。

35キロ先の目的地に向かって出発！ 右足、「タック」「カラン」左足、「タック」……。道は美しく、太陽は穏やか。わたしはやる気にも軽快さにもあふれている！ この気分に運ばれるように歩きながら、自然のささやきがいつになく重要性を帯びているように思え、その活気ある静けさを楽しむ。小川のメロディー、木々が軋む音や鳥たちの声が、今夜のフトンが待っている久万《くま》まで、わたしの足音の反復《リトルネッロ》の伴奏をするのだ。

さらに思わぬもうけものとして、わたしは夏祭り真っ盛りの時期にやってきている！ 道には幟《のぼり》やカラフルなちょうちんが飾られ、日が落ちると、日中の静寂が太鼓のリズミカルな断続音に取って代わられる。そのエネルギッシュな太鼓《タンブール》が、わたしのなかにまだ眠り続けている部分がないか、探りを入れるように響いてくる。星をちりばめた夜空の下、ミュージシャンたちの技量に見とれ、その太鼓《パーカッション》の音圧を浴びる。頭に手拭いを巻いた現代のサムライのような男たちのチームが、巨大な木の幹を担いで次々に町を駆け抜けていき、そのタイムを競い合う。それを、群衆が割れんばかりの拍手喝采で盛り上げている［訳註：久万山御用木まつり］。

民宿で、祭りで見たそんなチームのひとつと一緒になる。この民宿の家主がそのチームの一員らしい。どうやら、期待以上のパフォーマンスができてよろこんでいる様子だ。気さくな雰囲気のなか、酔っぱらった男たちがパンツ一丁で次々に現れては、わたしに「I Love You!」を浴びせる。あとは飲めや、歌えや。

8月4日　標識

短い夜が終わり、7時に出発……したものの、少々息切れがする。でも問題ない。今日の歩きは、感覚的にまったく苦労しないはずだ。道は残念ながら舗装路のはずだが、第四十四番、第四十五番の札所までのコースは楽そうだ。第四十五番のお寺は山岳地帯のただ中に位置するが、そこまでの道は平坦なのだ。

ところが、この先には道の悪ふざけが待っていた。〈急がば回れ〉という日本の格言が、今では身体に沁み込んでいるというのに……。

四十四番札所の美しい大寶寺《だいほうじ》までは、わたしの歩みはアスファルトとしっくりきていた。そこから急な上り坂をしばらく行くと、遠くで男性が両腕を大きく振り、人さし指でもうひとつの方向を示している。彼は人類共通語《ユニヴァーサル・ランゲージ》であるジェスチャーを用いて、わたしが分岐点を間違えたことを教えているようだ。わたしはもたつき、事の脈絡を失った末に、いったいどの方向へ行けばよいのか分からなくなってしまう。少し先にはまた道が分かれるポイントがあり、森を横切る険しい小道がわたしを誘っていた。わたしは結局、その山の小道を行くことにし、悪戦苦闘しながら相次ぐ峠を乗り越えるという、当初の見通しに反することが起きる。そして、ただただ片足をもう片足の前に出し続ける努力だけを強いられることに……。予定していた道筋は、あっという間に遠い記憶と化した。登山はとても骨が折れ、わたしの身体は地面に引き寄せられるようにお辞儀をしたままだ。わたしはもはや、苦しみながら進む肉体以外の何物でもなくなっていた。重い一歩一歩に耐え、それでもなお、その次の反復のための余力を示す肉体。基本《エレマンテール》たる……地球の要素《エレマン・テール》。この環境の魔法が、わたしの前進を元気づける。峠をひとつ越すたびに、それを絶頂の幸福になぞらえ、わたしは大よろこびした。

とはいえ、疲労は容赦なくわたしにのしかかってくる。水筒は空だし、そもそも自分が今どこにいるのか、地図を見ても見当がつかない。第十二番札所の焼山寺《しょうさんじ》に至る、あの苦しい登山を思い出す。わたしはこうやってさまよい歩くのだ……文字どおりの意味でも、比喩的な意味でも。「近道」だとか、単に道なりに進めば済む、というような誘惑に安易に屈して道に迷いながら。自分の唯一性の真ん中を目指して進むには、自分のなかの数ある谷や峠を示す標識が必要だ。今日のこの道の高低差が、それをわたしの目に見せてくれているような気がした。

力を振り絞り、午後1時過ぎになってようやく第四十五番札所にたどり着いたのだが、実は最初に到着した場所は思いがけないところだった。というのも、こんなことは初めての経験だが、わたしがいくつもの谷を越えて着いた地点は、お寺を見下ろす場所だったのだ。よって、そこからまたひとしきり山を下らなくてはならない。この頂上に着くまでの持続した努力が、そこからの眺めの素晴らしさを純化させる。そこから谷間に下りていくと、見事な空間が、この苦しかった区間を歩き切ったご褒美として目の前に現れた。

その場所は、落ち着いた威厳を漂わせている。寺院の建造物が山腹をなめるように広がっている。いくつもの洞窟、その薄明かりのなかに、慈しみ深き仏陀がロウソクの炎にそっと照らされて姿を見せ、巡礼者の祈りの言葉を受け止める。わたしは陶酔のあまり眩暈《めまい》を覚える。ここまでの道のりの疲労の蓄積に加わった心の高ぶりが胸を締めつける。生温かい涙が頬を伝い、お香の煙のなかを落ちていき、岩の地面でその動きを終える。わたしは存在するままでいる。わたしの内面を生きるままでいる。

自分を取り戻すために少し休憩してから再び出発。今度は遍路道のコースに従い、靴底が溶けそうに熱いコールタールの地面を素直に進もうと固く決心する。わたしは高齢の歩き遍路の男性に追いつき、追い越した。彼のか細い身体の線が、謎めいた「光輪」で包まれている。彼は後ろ手に荷車を引いて、つらそうに進んでいた。

「Gambatte kudasai！ Kio tsukete！」

あなたとわたし、わたしたちはひとつのものに過ぎない……。心と心。誰かと出会うたび、「支え合い」「つながり」といった言葉がわたしの脳裏にマントラのようによみがえる。見た目の違いを超えた、多様な人類の一体性《ユニティー》。ひとりの「あなた《トワ》」もひとりの「わたし《モワ》」もおらず、ただ、とてつもなく多くの「ジュ・スュイ《アイ・アム》（わたしは、いる）」が目に見えない根茎によってつながっているだけだ。

　国道12号線、国道30号線……。歩き続け、時間が進むにつれ、光は風景を彫り刻んで陰影を生み出し、レリーフを描いていく。小型のトラックがわたしの脇で停まる。今夜の宿泊場所の主人だった。到着しないわたしを心配して探しに来てくれたのだ。特に車に乗ることを勧めたりしないのは、彼自身、この八十八ヶ所を6回も踏破したからだと思う。自由を切望する歩き遍路が、人からの気遣いをときに重たく感じることを分かっているのだ。道を照らす光のように、彼はそこから先の5キロ——待ち遠しい宿での休息を前にした最後の5キロの、道の分岐点のすべてでわたしを待ってくれていた。森のただ中に立っているその宿泊場所で、わたしはこの夜唯一の宿泊客。またしても、大切にもてなされた……どころの話ではなかった。

8月5日　燃え盛る火

　風変わりなポーズを競い合ったフォト・セッションを終えて宿を出発する際に、心の高ぶり《エモーション》が抑えられなかった。明け方の物悲しい霧雨が降るなか、遠ざかるわたしを見送る宿の人たちの姿がもやの向こうに霞んでいく。わたしの身体にはまだ前日の苦痛の跡が残り、足取りは重く、気分も沈みがちだ。行きつ戻りつするまとまりのない考えは、空の色のように灰色がかっていて、今朝のわたしにはよろこびが欠けている。

そのときは、その後待ち受けている楽しい再会を知るよしもなかった。しばらく行った先の、ある道の曲がり角でヒデヤとばったり出会ったのだ。まさに「ミスター・アイ・フィール・グッド」の彼が、もやもやした気分からわたしを引っぱり出してくれた。古くからの友人と再会したかのような心地よさ。彼の生命力に満ちたエネルギーとやんちゃなキャラに引きずり込まれながら、今日のわたしが失っていた高揚感を取り戻した。わたしたちはそれぞれ、お互いのための、そしてわたしたちと接した人たちにも広がり得る、燃え盛る火のようにいられる、そんな確信を抱く。

わたしたちはここ数日についての情報交換をしつつ、フランス語と日本語の動物の鳴き声についてあれこれ話した。

「フランスじゃカエルは何て鳴くの？」

「クロア・クロア。日本では？」

「ケロ・ケロ。じゃ、猫は？」

「ミャウ・ミャウ」

「日本ではニャア・ニャア」

わたしたちの歩くリズムは落ち着いた速度で調和し、何でも話し合いながら一日中楽しく歩き続けた。わたしの日本の歌のレパートリーに、「涙そうそう」が加わる。失われた愛の歌だ。

ヒデヤは、東京で猛烈に仕事をし続ける暮らしに展望を見出せなくなり、フィリピンの外国人向け学校で1年半英語を教えて暮らしたあと、日本に戻ってきたところらしい。この四国巡礼は、彼にとって、また別の人生へのつなぎ目となるもので、それを空海のたなごころの内に委ねたわけだ。

このあたりには寺院が集まっている。四十六、四十七、四十八、四十九……。どの霊場にも平穏さが漂っていて、祈る気持ちが自然とあふれ出てくる。第四十六番の浄瑠璃寺《じょうるりじ》は境内に宝物を秘めていた。大きな池に、さまざまな濃淡のピンクの蓮の花が咲き乱れている。このお寺で少しゆっくりできる人にだけ与えられる特権的な眺め。

第四十九番札所の浄土寺《じょうどじ》。「パラダイス」を意味するこのお寺では、ひとりの女性がわたしに（わたしがさも日本語ペラペラであるかのように）話しかけてきた。ヒデヤが通訳してくれる。

「彼女が、お接待として首、肩、腰をマッサージしてくれるって」

「ほんとですか！　とってもうれしいです！」

お寺の入口のベンチに腰かけると、彼女の手の軽快な動きが、蓄積したこりを揉みほぐし、もっとゆったり呼吸ができるように詰まりを取り除いてくれる。なんというしあわせ！　リュックが突然軽くなったように感じる。わたしの身体も宙に浮き上がりそうだ。

子供たちが噴水のまわりを走り回っている公園の日陰で、わたしたちは長いランチ休憩をとる。

それぞれがリュックサックに入れていたご馳走を一緒に並べた。おにぎりから、ジューシーなグレープフルーツまで。それに、モチという粘りけの強い米を原料とするお菓子も。豪勢なコースだ。分け合って食べると、より一層おいしく感じる。わたしたちの「愛餐《アガペー》」を《ガリガリ君》が締めくくる。これは渇きを癒してくれるアイス・キャンディーで、青い蛍光色をしていて味もかなりケミカルだが、このとき以来、わたしは《ガリガリ君》のためにコンビニで休憩をとるのが習慣になった。

わたしたちは気温が穏やかなこの日、ぶらぶらと散歩も楽しんだ。休憩の回数も増やした——そうすれば、一緒に過ごす時間を引き延ばせるかのように。それでも、第五十番札所の繁多寺《はんたじ》に着いたときには、もうかなり遅い時間になっていた。ここでの時間が一緒に過ごす最後のときになることをわたしたちはまだ知らずにいたが、その時間を存分に味わいながら、自分たちの歩調と笑い声をシンクロさせていた。そのあとヒデヤはすぐ近くの温泉へ向かい、わたしは愛媛県の県庁所在地、松山までの道を引き続き歩いた「訳註：繁多寺も松山市内だが、松山駅とは徒歩1時間強の距離にある」。静かな集落を離れ、四国最大の都市の活気に潜り込んだわたしは、激しい自動車の波に迎えられる。

ずいぶん遅い時刻になってしまったので、わたしは真っすぐ《泉《せん》ゲストハウス》を目指した。そこでは、のりとその夫マシューによる友好的な雰囲気と真心のこもったもてなしが待っていた。マシューはわたしにこう説明した。

「ぼくはテキサス出身で、四国八十八ヶ所の巡礼を経験して日本が好きになって。で、最初は英語教師の職を見つけて大阪に暮らしてたんだけど、その後のりと出会って、二人で四国にこのゲストハウスを開いたんですよ」

「じゃ、のり、あなたもお遍路さんなの?」

「わたしはまだ歩いてないんだけど、二人でサンティアゴ・デ・コンポステーラまで『フランスの道』は歩きましたよ。来年はル・ピュイ=アン=ヴレから出発してフランス側を歩きたいと思ってます」

やっぱり聖《サンティアゴ》ヤコブと空海は協調関係にある!

そのあと、マシューとのりは、わたしが昨夜泊まった宿の主人に連絡を入れた。彼は、わたしが無事着いたかどうか確認するために、今日の午後、何度も電話してきたのだそうだ。その心くばりにホロッときてしまう。

このゲストハウスはとても素敵なのだけれど、わたしとしては自分と似たような外国人が多数いることに、逆に違和感を覚えてしまう。ここまで欧米人との接触がなかったことをとても気に入っていたのだ。でもここではフランス語まで耳に入ってくる! わたしもフランス人だけど、だからといって……。わたしは今日まで、自分の属する世界から遠くにいることをゆっくり味わっていたのだ。

わたしはすばやく部屋に落ち着き、自分の「いつもの世界」に潜り込む。それから、おかしなタイムスリップ感いっぱいの散歩に出た。この地域は温泉街で、地元の人たちが、みんなでエレガンスを競い合うようにキモノ姿でそぞろ歩いている。足にはゲタ（伝統的な履き物）、片手にうちわ、もう片方にマルチメディア端末のスマホ、タブレット……。間違い探しゲームみたいだ！　少し時間をずらしたその晩の日本風美食学も上に同じく。わたしの両脚が耐え得る限りの優雅さでタタミの上に座り、献立はハンバーガーと緑茶、新奇な光景。

11 英知の断片

8月6日　穏やかな物憂さ

フトンから起き上がると、太陽はすでに高いところにあった。今日わたしは決めているのだ──第五十一番札所の石手寺《いしてじ》の参拝のあと、身体をしっかり休ませようと。

この巡礼地《サンクチュアリ》の建物のいくつかが国宝や国の重要文化財に指定されていることもあって、そこは大勢の観光客とガイドであふれていた。通常のお寺の平穏さからはかけ離れたにぎやかさだ。堂々とした三重の塔の周囲は、特に人でごった返していて、あたりはくらくらするほどの線香の香りが充満していた。参道には屋根があり、レストラン、お土産や土地の名物オヤキ──なかに小豆のあんを詰めた甘いお菓子──などを売るお店が並んでいる。わたしには、ここが、精神集中の場所であることから商いの場へ大きく舵を切ったように思えた。商人たちの雑然とした集まりに直面して眩暈《めまい》を覚え、この雰囲気には調和できないと感じたので、納経所に寄ったあと、この場所に長居することはしなかった。

さて！　休みの日にふさわしい一日を、温泉の悦楽から始めようかな。道後温泉は、3000年の歴史を持つ日本で最も古い温泉ということだ。硫黄が豊富に含まれているこの名高いお湯は、リウマチや神経痛の治療に効果があるとされる。道後温泉本館は3階建てになっていて、まるでお城のようだ。宮崎駿のアニメーション映画『千と千尋の神隠し』の銭湯に着想を与え、千円紙幣にも描かれた日本の作家、夏目漱石の文学作品のなかでも特別な描かれ方をしているのがここだ。

伝説によると、足を怪我した鷺《サギ》がここに湧く泉に浸かったあと、怪我が癒えて飛び立ったところからこの温泉が発見されたのだという。お遍路の脚にも効きそうな予感！ ユカタを着て、タタミの上で煎餅（米のガレット）と緑茶をいただけるのだが、まずその前に温泉だ。わたしは建物のなかの、華奢な鷺を描いたモザイク装飾が施された〈神の湯〉（直訳すると「神様のお風呂」だ）で、日本の伝統的な公衆浴場を味わう。趣あるこの場所で筋肉がだんだんほぐれていく。そして、はつらつと元気みなぎる両脚で、本館の屋根の一番高いところに鎮座している白鷺のように、また新たに飛び立てるといいんだけど。湯けむりに溺れてふにゃふにゃになりながら、皇室がここに来て寛いでいたという時代のことを空想する。ただただうっとりと過ごす時間……。

松山を去る前に、この平野を見下ろす勝山に登ってみた。そこには、1600年代に建立された12のお城のうちのひとつが今も残っているのだ。ここでは、頂上までの山道を歩かずに往復ケーブルカーを使ったし、街の中心部に戻る際には路面電車にも乗った。今は、遍路ではなく観光客なのだ。ときどきそんな気分になるのも悪くない。お城は壮麗で、なかに入ると松山と城の歴史に関する展示にも魅了される。そしてそこからの、何にもさえぎられることがない眺望。海と山々まで見渡せる、その素晴らしい構図！

市の中心部に戻って足のおもむくままに散歩していると、集まっている人たちの注意を引いたらしく、足湯に入っていきなさいと誘われる。街のあらゆる場所にある、この足用の「風呂」には、道後温泉と同じ温泉水が引いてあるという。わたしは足を浸す心地よさを大いに楽しみながら、両隣の足の持ち主とコミュニケイションを試みた。まったく、この街は巡礼者の元気を取り戻させてくれる天国だ！

この一日は、のり、マシュー、ヴァカンス中の何人かの日本人客、スイス人男性ひとり、ドイツ人男性ひとりと一緒に、ゲストハウスの屋上で、空を真っ赤に染めながら沈む夕陽に見とれながら終わった。たとえ、このインターナショナルな雰囲気がフレンドリーで感じがよくても、やっぱりわたしは遍路の身なりになって、ひとりで再び空海の道の続きをたどるのが待ち切れない。

8月7日　静寂の味

6時。準備はすっかり整っている。早く自分のアリアドネの糸［訳註：ギリシャ神話の登場人物アリアドネが用いた導きの糸。難問解決のための手引き、方法］を取り戻したい。うきうきする気持ちが、身体中に満ちあふれている。

そして結局この日、わたしはひとりにはならず、一日だけのお遍路体験を望んだ26歳のイタリア系スイス人、ポーロ《パウロ》と一緒に歩くことになった。

日の昇る時刻、新しい移動《ノマド》の夜明けに気分が高揚する。この感覚を取り戻すのがとてもうれしい。地面すれすれに伸びる日の光と、再び関係を結ぶしあわせ！　この世界《ユニヴァース》の息吹とユニゾンで、たっぷりと呼吸する。

それにしても、今日の相棒の途切れない多弁さに付き添われるのはキツい……どんなに感じのいい男子でも。ああ、わたしは、自発的に選択された孤独の静けさにどれだけ魅かれているのだろうか！　どちらかといえば饒舌なたちのわたしが（快い婉曲語法！）、独りぼっちでの二ヶ月間の挑戦に旅立ち、自分自身と向き合うこと。自分という存在の見知らぬ部分を発見すること。それは受け入れるべき賭けだったのだ。そして、ときが経つにつれ、静寂への嗜好がわたしのなかに開発されてきた。毎日、あらゆる「もの」にどんどん耳を澄ますように変わっていき、それによってわたしは神秘の力強さとの肥沃な対話が持てるようになった。

第五十二番札所の太山寺《たいさんじ》は、つい長居したくなるような場所だった。大きな公園に囲まれたこの寺院は美しく、そして礼拝の場所の静寂に再会できたのがうれしい。空想にふけっていたとき、突然、誰かのわたしを呼ぶ声にハッと我に返る。

「Eh Marie ? I heard about you ! So happy to meet you !（あ、マリー？　あなたの噂を聞きましたよ。お会いできてうれしいです）」

目の前には、ジエンと名乗るひとりの若い韓国人女性。輝く目をしている。彼女も歩き遍路だ。

真ん丸い顔に白と黒のバンダナを巻いて、菅笠《すげがさ》のあご紐がこすれて痛くなるのを防いでいる。彼女のリュックにひっかけてある物干しロープは、自由の誇り高き旗。キャンプ用の装備をし、万が一のために催涙スプレーを持っている。巡礼の道を本気で踏破するつもりで、彼女もまた第一番札所から歩き始めたのだという。何人かの友人たちが、代わる代わる彼女に随伴して一緒に歩いている。現在の侍者は、自分にできたまめの手当てをし、包帯代わりの布の切れ端で応急処置をしているところだった。しっかり経験を積んできた彼女の歩行リズムについていくのがひどく苦しそうな彼は、それでもユーモラスに、自分のふくらんだお腹がちょっとはへっこんだんじゃないかな、と言う。

そこから3キロ弱先、第五十三番の圓明寺《えんみょうじ》で、わたしとポーロは彼らと再び遭遇した。今日は、寿司屋のカウンターで盛大なるお昼休憩だ。目の前で、シェフはわたしたちの玩味《デギュスタシオン》する食材を次々に、念入りに薄片に切り取っていく。真正《オーセンティック》のスシは、わたしがパリで知っている何軒かのインチキ日本料理レストランで出てくるものとはまるで関係がない。芸術的な、紛れもないスペクタクル。脇にあるタタミの席では、好奇の目でわたしたちをしげしげと眺める子供たちが4人、遊びながら楽しそうに何か叫んでいる。

わたしはその後、北条《ほうじょう》港地区にある今夜の宿の主人と彼のゴールデン・レトゥリーヴァに挨拶しに立ち寄る。その愉快に雑然としたペンションに荷物だけ先に置かせてもらってから、フェリーであっという間に着く島、北条鹿島（「シカの島」の意）に行ってみた。その名のとおり、雄鹿と雌鹿と子鹿が、八方を水に囲まれたこの陸地の上をゆるゆる散歩している。わたしたちは船で島を一周した。この自然に囲まれた砂浜を楽しむために、方々から若者たちがやってくるのだそうだ。わたしも入り江で海に浸かってみる。すごく気持ちいい！

四国の陸地に戻り、ペンションに長期宿泊している他の2名──数週間前からこの近くの建築現場で働いている人たち──と一緒の夕食を囲む。とても温かい雰囲気で、この夜の親愛なる友たちの笑い声は、ビール瓶が次々に空になっていくにつれて大きくなっていく。この宿の主人もまた型破りな人物だ。若い頃はオーストラリアに住んでいたらしい。ここでは、家具や道具類から食器まであらゆるものが手作りで、自給自足主義者として生きている。彼はまた熱心な反原発の活動家であり、その運動の一環で、借金をして太陽光発電パネルを設置していた。

8月8日　開いた手、晴れやかな心

光がほのかなうちに歩き始める。それでも温度計はすでに35度を指し、そして太陽は、その絶頂点にはまだまだ遠い……。

海岸に沿って歩く。製油所、その赤や白の煙突、大規模な港湾作業現場の先に見える、瀬戸内海の青がわたしの目を吸い寄せる。その遠くには、日本列島最大の島である本州の沿岸が見える──嘆かわしいことで知られることになってしまった広島市のあたりの、曲がりくねった沿岸も。

これまで何度か顔を合わせていた60代のお遍路さん二人組と、丁寧な微笑みでかさ増しすることで、なんとか会話が輪郭をとり始めている。

「暑いですねえ」

「Hai, mushimushi.」

第五十四番の延命寺《えんめいじ》に着いたとき、そこにいたのはただひとりのお遍路。バイクで空海の道をたどっているというその若い日本人男性は、本堂の前で読経している最中だった。わたしがベンチで休んでいると、彼がそこにやってきて、そこで自然に生じる、いつもの暗黙の相互理解。いくつか言葉を交わしたあとで、彼はわたしとの、この「一期一会」の瞬間に感謝すると言った。その言葉は、直訳すると「一度のチャンス、一度の出会い」であり、言い方を変えるなら「たった一度しかないのだから、一回一回の出会いを大切にせよ」という意味だ。禅仏教にとっての尊き「はかなさ」に関する考え方がそこに明確に見出せる。わたしは、その意味を拡張して、毎瞬ごとの無限の豊かさのなかで日々を送るための教訓を得る。そう、現在の一瞬だけが現存するのだ。それを最大限に生きよう。それをその神秘において、開いた手と晴れやかな心でもてなそう。我々の「短期滞在《パサージュ》」は本当にはかないのだ……。

再び歩き始めて数キロ行ったところで、交通規制をしていた警察官に歩みを止められる。片手にトランシーヴァー、もう片手には旗を持ち、耳にきんきん響くホイッスルを吹いている彼が、工事と車の通行を一旦停止させ、わたしを何メートルか護衛しながら誘導してくれた。あらためて、VIP(ヴェリー・インポータント・ピルグリム)の気分を味わう!

第五十五番札所の南光坊《なんこうぼう》。美しい山門を入ってみると、ここでも境内にいたのは瞑想している
お遍路ただひとり。高知から来た29歳の教員トモユキは、学校が休みの期間を利用して、八十
八ヶ所の一部の区間をモビレットで回っているのだという。宿泊費を節約するために、24時間営
業の、マンガが好きに読めて、インターネットも自由に使えるカフェで夜を過ごすのだそうだ。

一日の終わりを、お祭りムード一色に染まったそのお寺の境内で過ごす。ハワイアン・ダンス
があったり、お堂の前の広場にみんな集まって食事したりしていて、この聖なる場所のただ中に、
まるで違う雰囲気を醸し出している。

12 生命の歌

8月9日　注意深く聴くことと、最大限に存在すること

今日は、めぐり合いの星の下にあった。まず第五十六番の泰山寺《たいさんじ》では、昨日の60代の「お父さん《パピー》」遍路二人組とまたばったり会った。彼らと会うたびに、ずっと以前から気脈の通じている友人と再会したような優しい心地よさを感じる。

とはいうものの、わたしたちのやりとりは依然としてさっぱり前に進まない。

「暑いですねえ」

「Haï, mushimushi.」

一方、今日の彼らの歩の進みには、そこはかとない輝きがあった。あのお歳にしてはたいへんなエネルギーだ。

船乗りたちの安全祈願の寺として知られる第五十七番札所の栄福寺《えいふくじ》には、観光バスで移動している遍路グループが大勢来ていて、全員――正しく言えば、ほぼ全員――が本堂の前で瞑想している。茶目っ気あるひとりのおじいちゃんが、般若心経の読経を中断して、わたしの写真を撮った。

入口の脇のベンチに腰を下ろし、大勢によるマントラと蝉の鋭い鳴き声との合唱でいい気持ち

になっていたとき、山門を入ってくる西洋人の歩き遍路カップルに気づき、驚く。そのなんともシュールな光景に愉快な気分になって興奮気味に英語で話しかけてみるも、彼らにその出ばなをくじかれ、確信の口ぶりで言われてしまう。

「Vous êtes française ?（あなた、フランス人でしょう？）」

「えーと……そうです！　できるだけ完璧な英語の発音をしようと思ったのにー！　あなたたちもフランス人ですか？」

「いいえ、スイス人。チューリッヒです。一番のお寺から八十八番を目指して歩き始めたんだけど、結局この暑さで、ところどころ電車を使ってるんですよ」

久しぶりにフランス語で、天気の話よりももう少し突っ込んだ議論ができるのがとてもうれしい。その会話の流れに運ばれるように、マリアンヌとオリヴィエと一緒に次の標高300メートルの仙遊寺《せんゆうじ》を目指して山を登る。そんなにつらい感じはしなかったのだが、着いたときには全員汗だくだった。

山道を登っている途中、元気いっぱいの例の教員トモユキがわたしたちに追いついた。モビレットのエンジンを止め、わたしたちに激励の言葉をかけ、冷たいお茶を分けてくれた。小川に沿った急な上り坂を進んだ先に、半島を見下ろす高所に置かれた空海像が、第五十八番霊場への到着を称えてくれる。樹木で覆われた山の頂上にある、見るべきものが多く、魅力あふれるこの「瞑想する仙人」の寺を、わたしはことのほか好ましく感じる。それに木陰で仲間と一緒に休憩するのにも理想的なところだ。沿岸の平野、今治湾、そして瀬戸内海を見渡しながら。
この日の午後は、下り坂を歩いているときでさえ、暑さだけは耐えがたかった。それで、タダスケ、奥さん、二人のお嬢さんの家で、おいしい自家製アイスクリームをご馳走になりながら、楽しく長居してしまう。タダスケは第五十九番の国分寺のすぐそばで経営しているタオル屋で画期的なお接待をしていて、それが感動的なのだ。彼は遍路にタオルをプレゼントするのだが、そこにそのお遍路さんの歩みに寄り添っている言葉を刺繍してくれ、それを持って一緒に写るのだ。遍路と刺繍されたタオルは、その後フェイスブック［原註34］にアップされ、それは巡礼者のコミュニティーによる、人生を支える言葉辞典の様相を呈している。

そこでわたしも、自分の内なるガイドの声に耳をそばだてる。そこで自然に浮かんできたのが、〈調和《ハーモニー》〉と〈一期一会〉という言葉だ。こういう自分のなかに耳をそばだてる沈黙は、わたしが実践しているマインドフルネス瞑想と同種の性質を持っている。要は自分の活動を一瞬中断して、この今の一瞬にコンタクトし直し、自分の心の奥底の細胞核に自己接続するための小休止の時間を持つということなのだ。そして、自分の内側に広がる風景を静かに観察するプロセスのなかで、その自分自身との親密な関係を大事にする。そして、動かず、静かに呼吸する。注意深く聴き、混じりけなく在ること。〈沈黙、この、我々がもう望みもしないし、もう開けようとも努めない、天使たちからの贈り物〉（クリスティアン・ボバン）［原註35］のなかに入ること。

そのとき、仕事場にこもりっきりの毎日の満たされない渇きを癒そうと思って、初めて瞑想の世界を体験したときのことが記憶によみがえった。それはアヴェロン県のシルヴァネス修道院で、正教会《オーソドックス》の伝統的な〈イイススの祈り〉に従ったものだった。わたしはそのとき、なんということか、その数日間のセッションが沈黙のなかで繰り広げられることをまったく理解していなかったのだ。むむむ……またもフロイトの言葉どおり……。今現在のわたしは沈黙にとどまることの真価が分かるようになったけれど、昔は、それはたいへんな試練だったのだ！　全力で抵抗しても、結局は自分のなかを止むことなく行きつ戻りつする散漫な想念と格闘するだけだった。期待した安らぎからも、聞かされていた内面の静寂からもほど遠かった。この現象は瞑想の初心者にはごく当たり前のことだけれど、たとえ鍛え上げられた観想修道士たちだって、そこから免れられるものではない。

タダスケのところでとった休憩時間で、自分のなかの「隠しごとをしている奴」に自由に語らせるために、またさらに少しこの沈黙を大事にしようという気になる。自分の内なる声のためにスペースと時間をとっておき、その声が表現されるための道筋《トラック》を与えること。そのトラック上では頭《メンタル》はただ黙るしかなく、そこに言葉では言い表せない声が見えてくる。

第五十九番札所の国分寺では、神道と仏教信仰に共通した幸福をもたらす七体の神である七福神の像が、それぞれの大きな笑顔で迎えてくれる。ここまで歩きながら考えていたことに対して、ウィンクで応えてくれているように感じた。

8月10日　運命共同体、生きているものの不可分さ

朝6時。小さな家々が建ち並んでいる迷路のような地区を抜けるまでの間、宿の女主人が道をガイドしてくれた。

この瞬間にいる――ただ単純に、世界の目覚めに居合わせるうれしさ。木々のざわめき、そよ風を受けた木の葉のささやき、落ちた枝が足の下でポキッと折れる音、そして鳥の鳴き声の千のニュアンス。生命の歌、生きている者の領域、広大な遊び場。

四国で最も高い、標高1982メートルの石槌山《いしづちさん》を抱く山脈に囲まれた平野で、風景と呼吸を調和させる。天地創造によってできたあらゆるものは静かに呼吸し、わたしもそこに加わり、身をまかせ、そして受け取る。自然の力との、内的な親密関係。わたしも自然界の地形図のなかに溶け込む。小さな谷、険しい小道、曲がりくねった沿岸は他ならぬわたし自身だ。自然はわたしについて語る。そしてわたし自身が、あらゆる存在が豊かに満ちる計り知れないこの世界の広がりのなかの曲線や蛇行線になる。〈きみはすべてのものだ。どうしてまだ何かを望むのか？きみのなかに空が、大地が、そして無数の清《エンジエリック》らかな存在があるのだよ〉[原註36]と、アンゲルス・シレジウスが言うように。

平野部を横切り、次いでとても険しい上り道を延々行った先にあるのが第六十番の横峰寺《よこみねじ》。「横峰」というだけあって、標高700メートル超の高所にある難所だ。わたしはそこで、地元四国の女性遍路と出会った。彼女は、今、こうして歩きながら夢を実現させているのよ、と言う。他にも友人たちや8歳の娘と一緒に車で来ている女性とも会った。彼女は用意してきたおにぎりをわたしに分けてくれる。努力《エフォール》のあとに、励まし《レコンフォール》あり！

谷間に下りるまで、森のなかの長い下り坂を下る。ここもいわゆる「遍路ころがし」だ。わたしは、見渡す限りの偉大なる**存在**に包まれている自分の存在をゆっくり楽しむ。息を吸って……吐いて……。

そのとき突然、灰が呼吸を詰まらせ、衣服にもくっつき始めた。空中消火飛行機が数機、青空を往来している。その影が山の斜面に襲いかかる。森が燃えているのだ。悲しい気持ちに満たされる。魂が泣く。それはあたかも、わたし自身の肉体の小片がむなしく消えていっているかのようだ。地球の大きな身体のなかのこれらの木々の樹皮は、わたしを組織している細胞と無関係ではなく、それらの植物の樹液はわたし自身の血液と共鳴している。同じ風のそよぎで、木々の葉は生き生きと動き、わたしの肺がふくらむのだ。わたしは自分が宇宙の微粒子で細胞なのだと感じる。ユベール・リーヴスが言うように、〈わたしたちはみな、星々の塵からできているんですよ！　つまりわたしたちを構成しているすべての原子核は、何十億年も前に死んだ星々の中心からできたものなんです〉[原註37]。こんなふうに広い洞察力を持って、量子のレヴェルで意識してみる――わたしは、あらゆるものとの相互依存に、その運命共同体に、生きているものの不可分性に、この指で触れているのだと。人間だけでなく、人類を取り巻くものを含めて生きているものすべてに対して気を配り、面倒を見ることが、今、過去になく急務になっていると思うのだ。我々は、自分たちの行動に対する責任がある。英国の詩人フランシス・トンプソンは、天体に迷惑をかけることなく、一輪の花を摘むことはできない。これは比喩ではなく、現代の量子物理学で有効な世界観なのだと主張する。すべてがそれぞれの部分にあり、それぞれの部分がすべてのなかにある。すべてはひとつだ。その超越性、生命の根源のこの原則――それにどんな名称を与えるかは文化の違いで変わってくるけれど……神、エロヒム、全知全能の存在、天上の光、絶対性、天の摂理……その名前などどうでもいい――はすべてのものの内に、すべての人の内にあるのだ。

第六十一番札所の香園寺《こうおんじ》に到着したとき、行事を取材しに来ていたTVクルーが現場に陣取っており、わたしの心は、コンクリートと金属《ロウメタル》による近代建築である本堂のように重苦しかった。「香りの園の寺」という名称が、そのとき、今日という日の文脈に奇妙に共鳴する。「香り(parfum／パルファン)」という言葉は、ラテン語の「per fumum(ペル・フムム)」つまり「煙によって(par la fumée)」に由来するのだ。香水の原材料(花、芳香性植物、樹脂)は、古代文明では神を崇拝するために用いられていた。お香から渦巻形に空に立ち昇るものは、山の自然にまだら模様の焼け跡をつけた煙と二重写しとなって、わたしにはその香りが苦く感じられる。香りの魅力が効力を現さないのだ。

また仲間たちと遭遇。よく笑う韓国人女性のジエンと、前に出会ったことのある若い日本人コージだ。彼らと一緒に国道11号線を歩き、第六十二番のお寺で参拝し、般若心経も一緒に唱えた。これらのことが、しまいに、わたしのなかの空に何筆かブルーのタッチを加える。そしてわたしの陰気な心持ちも、巡礼者に優しい民宿の心——ピリピリした過敏な心に効く救いの塗り薬みたいな——に触れて消えていく。わたしはひとりで休息するのが好きだけれど、今夜は、「コンポステーラ・ウォーカー」たちとの気さくな雰囲気を思い起こさせるみんなとの時間を心ゆくまで楽しむ。テーブルについた陽気な6人——二人のお遍路「パピー」、コージ、何回かに分けて遍路道を歩いているスズキ、そして大阪出身のバイク遍路マコト——みんなでしゃぶしゃぶ鍋を囲む。この日本のフォンデュ・スタイルの料理は、野菜や薄切りの肉を鍋に浸けるのだ。言語のバリアーを越えたところの率直さで交流し、飲み(少し!)、笑う(たくさん!)。愉快で、気取らず、そして人情でいっぱいだ。

8月11日　よろこびの賛歌

朗らかな男性陣と朝食で再会する、またもにぎやかな時間。そして、覇気を取り戻したわたしは出発し、国道沿いを行く。日の出の柔らかな光が、夜の辺境から静かに抜け出してくる。マコトが、クラクションで合図しながらわたしを追い越していった。わたしたちは、彼とその恋人が暮らす大阪で再会する約束をして別れたのだった。第六十三番札所は吉祥寺《きちじょうじ》。「よき前兆」というその名前が、わたしの前途に太鼓判を捺す。少なくとも、そう信じるほうが楽しい。

右足「タック」「カラン」左足「タック」……。

第六十四番の前神寺《まえがみじ》は、雰囲気が神社に似ており、青々とした田んぼ、丘や山々を背景に素晴らしい眺めを作り上げている。足は、軽く跳ね返してくる地面を蹴り続ける。「タック」「カラン」……。

この夜泊まる《旅館五葉松《ごようまつ》食堂》では、その名がまさに13世紀のペルシャの神秘主義者ジャラール・ウッディーン・ルーミーを連想させるルミに迎えられる。センス豊かな宿泊地の予感！ そしてそのとおり、ルミのもてなしはとても心地よいものだった。彼女は13年前に襲われた脳血管障害によって失語症を患った父親と暮らしている。休暇中とはいえ、言語療法士のわたしは黙っているわけにはいかず、英和辞典を手に、彼にとにかく話しかけてみた。わたしは脳の神秘的な複雑さに魅了されている。神経学は言語療法が介入する領域であり、わたしがことのほか愛着を感じている学問だ。

ルミの20歳の娘と27歳の息子は、もうここには一緒に暮らしておらず、わたしはこの家の子供のように迎え入れられる。お風呂に入るが、それは「正しい配慮」のもとに準備されているので、わたしがこの燃えるように熱いお湯に入ろうものなら、冷たいシャワーで身震いする瞬間まで息を吸うことができないのだった。

ルミは音楽の先生だ。詳しく言うと、彼女は日本の伝統楽器である琴を教えている。長いツィター《チター》に似た形状をしていて、ハープを想起させるとても優しい音色を奏でる楽器だ。ルミはさらに三味線（三本弦のリュート）の演奏にも、尺八（竹製のフルート）の演奏にも秀でている。

パリのアパルトマンの鍵（clef）が見つからなかった代わりに、この地の鍵（clef de sol《ト音記号》／クレ・ドゥ・ソル）がわたしたちの出会いにリズムを与えている［訳注：〈ソル〉には「地面」の意と音階の「ソ＝ト音」の意がある］。太陽のような（solaire）、心遣いの（sollicitude）、連帯の（solidarité）……。そのあとにファの鍵（clef de fa《ヘ音記号》）が連なっていく。向き合った（face-à-face）、あまりに素晴らしく（fabuleux）、魅惑的な（fascinant）……。

一日の終わりに、わたしだけのためのリサイタルを開いてくれた。ルミの指は、高度なテクニックで伝統楽器の上を滑るように動き、それに合わせて明るい声で大衆歌曲を歌う。彼女を通り抜ける音楽に対して、もはや彼女はひとつのことしかしていない。この演奏者は黙り、**生命**が歌っている。耳から心まで、感動《エモーション》が貫くのは一瞬だった。彼女の存在の深いところで生まれるこのシンフォニーに打たれ、彼女の心のエコーをわたしの心の深いところで聴き、彼女の魂がわたしの魂の炉の部分と共鳴する。音楽は普遍《ユニヴェルセル》を接合させる。ひとつの「信徒共同体」が、すべての美的な判断を超越するこのヴァイブレイション――心の奥底から生まれるリフレイン、共有される波動――を介して作り出される。**存在**の歌、よろこびの賛歌、**絶対性**への接近……。この瞬間の魔法で中断された時間、その場の魅惑のなかに浮き上がる空間。今聴いている音楽は、永遠のほのかな光に輝いている。

パリでも、音楽はわたしの人生の重要な位置を占めている。わたしは何年間も情熱を持って電子オルガンや典礼のオルガンを弾いていたし、その芸術を通じて、至高のよろこびの時間と崇高な興奮の時間とを、とりわけヨハン・ゼバスティアン・バッハの作品で享受した。さらにはピアノもギターも試してみた。一方で、音がわたしの心臓の鼓動と調和してしまうブルーズのコンサートに行っても、逆に楽しめないだろう。

いずれにしても、この「共有の夜会」を、あなたも地球全体のグランド・オーケストラの一員として自分自身のメロディーを奏でなさい、という招待として受け取った。わたしの存在の音楽をあるがままに響かせる——その楽器はわたしの心のなか以外のどこにもない。

詩人ルーミーの言葉が、ぴったりくる気がする。

あなたには翼がある
それの使い方を覚え　そして飛び立て

美しい調べの波動のなか、仏壇を背にして分かち合った時間。そのなかでわたしの想いがはばたく。明日は記念すべき日だ——わたしが涅槃《ニルヴァーナ》に入るのだから！

第4章 《天国の鍵》

第六十六霊場～第八十八霊場 ［讃岐（現：香川県）］

涅槃《ねはん》の道場

神秘の道は内側へ向かうものだ。

――ノヴァーリス

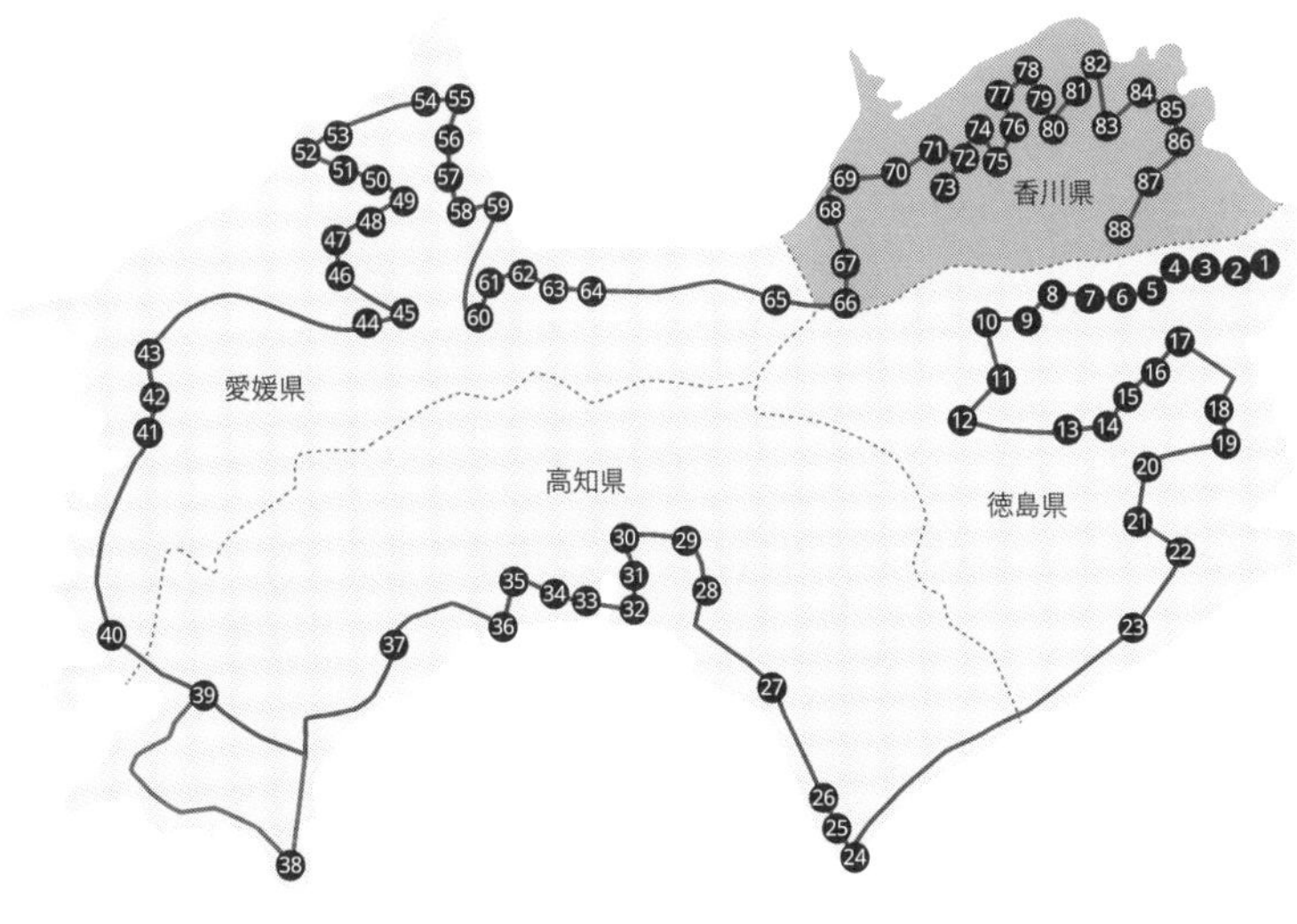

13　不思議の糸

8月12日　激情と内なる火

「マリーさんのおかげで素敵な夢が見られたわ！」

ルミは心を揺すぶる人だ！　わたしは階級の高い公爵夫人に光栄にも迎えられ、その彼女がしきりに礼を言っている。あなたとわたし、わたしたちはひとつのものに過ぎない……。精神的な配慮で他者に接するために、自分のエゴイズムから脱すること。これもまた、見習うべき人の姿だ。


わたしが歩き出したときには、水平線の霞みを突き抜けて届く太陽はもうかなりジリジリしていた。何キロメートルか行ったところで再会したコージがお接待としてくれたスニッカーズは、周囲の暑さからチョコレートがすでに溶けていたけど全然気にしない！　彼はこの日のわたしの山道35キロの行程に向けて、優しい励ましの言葉をくれた。

「Good luck！（がんばって！）」と、同情に満ちた目つきで言う。

少ししてから、自転車に乗った素敵な男性がわたしを追い越して止まり、〈ocha〉と何度も繰り返しながら150円を下さった。この先の自動販売機で、冷たいお茶でもお飲みなさい、というのだ。彼とは、そこから数キロ先の、ほぼ人けのない集落でまた会った。自転車の脇に立ってわたしを待っていたらしく、このカフェにいらっしゃい、というふうにわたしにサインを出す。そこには、本日のアトラクションを待っているかのように沿道の住民全員が集合していた。何かを問いかけるような約30組の目がわたしに向けられている。ここでは、人々は西洋への憧憬を隠さないし、そういう視線のなかに相互理解がある。お互いの文化的な違いを認めながらも、同じ起源で結びついているという意識、それを感じるのだ。

わたしはみなさんの気遣いと贈り物を存分にいただいた。歓声が上がり、ジェスチャー付きで驚きが表現される。わたしも快くいつもの質問〈どこから？／どうやって？／歩き？／一気に全部？／ひとりで？〉に応じる。その返答もどんどん流暢になってきている。ボキャブラリーはあっという間に底をつくにしても。

「Watashi wa Marie desu.」

「Furansujin desu.」

「Paris kara kimashita.」

「Aruki henro.」

「Hitori.」

すると、全員が、「えーっ！　すごいねー！」とユニゾンで返してくれる。

例の自転車の素敵なムッシュは、わたしの退場を見送ってくれ、昼食代にするようにと、また新たにお接待の1000円を渡してくれる。彼の一挙手一投足から善意がうかがわれるが、それは人が安易に「お人よし《ナイーヴ》気質」と結びつけてしまう善意ではなく、その逆で、無償の愛の強度だ。この男性が体現しているのは、無私贈与の思想——人間性の根本的な潜在力だ。日を追うごとに、この道が、わたしにそれを現実として見せてくれる。ネルソン・マンデラが主張したように、〈人間の善意とは、人が押し隠すことのできる炎だが、しかしそれを決して消すことはできないのだ〉［原註38］。

それとの毎回のめぐり合いがわたしを変える。そしてその善意は、無関心、あるいは個人主義に覆われたと言われるこの世の中に鮮やかにきらめく。そうした関係性にあるならば、人の心はオープンになり、連帯に向かう以外にない。

「ねえ、お遍路さん！　お遍路さん！」

そこから数キロ行ったところで、ひとりの若い男性が怒鳴るような口調でわたしを呼び止め、駆け寄ってきた。わたしを家に招き入れ、そこで彼の母親と女のきょうだいに迎えられる——壁に掛けられた版画のなかの、空海のまなざしにも。そこでもまた、数々の贈り物に心打たれる。言葉での交流は限定的だが、それでもわたしは彼らが繰り返し発するひとつの言葉が気になったのでみんなに質問してみる。

「〈Heiwa〉wa do yu imi desu ka ?」

すると、３人の声が同時に答える。

「Peace.」

わたしはとてもついている！　おそらくそれは、３人揃って英語に訳すことのできる数少ない言葉のひとつだろう。わたしは、限界ギリギリまで荷物を持たされて再出発する。わたしの心は、わたしに生き生きとした気力をくれるこうしたすべての出会いに対する感謝の気持ちではちきれそうになる。道をゆくまにまに、拾い集めた宝石が増えていく。

第六十五番のお寺に向かって、森のなかの道を登る。わたしは〈heiwa〉という言葉を心のなかで咀嚼し、そこから自分の糧となるエッセンスを抽出しようとする。〈heiwa〉……。わたしはこの言葉を第六十五番の札所、神聖な魅力漂う三角寺《さんかくじ》での祈りの言葉に加える。〈heiwa〉、それが〈菩提の道場《イルミネイション》〉を歩き切ったわたしを飾る最後の音《ノート》だ。〈涅槃の道場《ニルヴァーナ》〉でもいいことがありそうだ！

険しい丘の斜面を上り、全長８８５メートルのトンネルの入口にたどり着く。このトンネルが菩提の県のルートの最後で、四国巡礼路、遍路道の四番目の県で最終段階となる香川県に通じている。涅槃の入口。我らが闇の暗さを通り抜けて光へ。

わたしは、その言葉とともに、この最後のトンネルを越えた。やった、わたしの足はこの祝福された地を踏んでいる！　ヒャッホー！　うれしさのあまり叫び声を上げ、「ニルヴァーナ」に着いた陶酔感に浸る。よろこびで、魂がどきどきしてる！　最初に見つけた自動販売機で快挙を祝った。といっても、シャンパーニュがないので、桃の味のするケミカルな炭酸飲料で。それでもいい。泡があって、わたしのなかがパチパチ跳ねてるんだから！　わたしは心の歌に耳を傾け、身体にはダンスしたいようにさせておく。もうひとつの世界の出現を祝いたい、抑えられない欲望を感じる。これが「大よろこび」だ。

　と、そのとき《遍路とおもてなしのネットワーク》が寛大にも貸してくださった携帯電話の着信音が、わたしのうきうきした祝祭気分を華やかにする。

「Moshi moshi ?」

「松岡です」

「Konichiwa !」

「A key…… in my house…… yours ?（わたしの家に落ちてた鍵、あなたの？）」

　まさか!?　現実とは思えない《シュールレアリスト》！　ひと月半前、日本に着いた最初の夜に泊めてもらった松岡さん宅で、わたしの鍵が見つかったというのだ！　さらには、今この瞬間にその連絡が……。なんという偶然だろう！　〈偶然、それはたぶん神がサインしたくないときに使う偽名だ〉〔原註39〕と、テオフィル・ゴティエが書いていた。わたしは茫然自失の状態だった。ここで、わたしの前進を導いてくれるアリアドネの糸をつかんだ気がする。この実際の体験が象徴するもののパワフルさ！

　わたしは、仏教的なものの考え方が、いろいろな見解が混じり合った高度に複合的なものであることを理解している。一方、わたしが属する西洋文化では、「ニルヴァーナ」をいわゆる「パラダイス」の同義語としてとらえている。安らぎに陶然とする、この上ない幸福の世界だ。わたしのパリの鍵、その日常生活の象徴が、その「ニルヴァーナ」に足を踏み入れた瞬間に、魔法のように再度その姿を現した！　それをどうしたら、取るに足らないことにできるだろう。

これは空想ではない。自分自身を制限し、狭い空間のなかで、息が詰まりそうになっている人間。そんなわたしの日常生活の、鋼の扉や鉄格子の窓が突然ガタガタ言い始めた。監禁場所の壁にひびが入る。わたしを閉じ込める建造物は、日々が移りゆくにつれて、ひどくぐらつき始める。かんぬき錠が壊れる。独房の扉のちょうつがいはうめき声を立て始め、その軋む音から変化が始まる。新たな空間へ向け、おずおずと、しかし確かに、扉が細く開いた。あたかも、目に見えない何かが、わたしの歩みを本来のあるべき自分の道へと先導し、わたしに真実を気づかせたかのように――〈ニルヴァーナ、それは「今、ここ」だよ！〉と。**生命**がわたしの耳元でこんなふうにささやく――〈ほら、これがきみにとって一番本質的な変化の鍵なんだよ。パラダイス、それは「今、ここ」のことなんだ！　これが神秘の鍵、きみの人生の扉を大きく開く鍵だ。すべてはもう、あるじゃないか、「今、ここ」に。きみ自身の内側にも、きみのまわりにも。パラダイスは遠い遠いどこかにあるんじゃなく、ただ単純に今の、その歩いているきみの一歩のなかにある――きみがどこにいようとも、だ。天国は怪しげな蜃気楼のなかに探すものじゃない。きみの存在の日常のなかにあるんだ〉。

わたしは、こんなに明白な事実をただ忘れていただけなんだ、ということに、驚きとともに気がつく。わたしは、どんなふうにして、この「今、この瞬間の経験」との接触を、これほどまでに失うことができたのだろう？　どんなふうにして、わたしは「たられば」論法を駆使して、今の瞬間の自分の命に毒を盛ることができたのだろう？――結局のところ、それだけが唯一、確かな現実だというのに。パラダイスはわたしのいる場所にあるのだ――わたしの毎日の現実のなかに――わたしの逃走元に。わたしはそれを、熱心に休みなく、あたりくまなく探し続けていた――自分がすでにいた場所だけを除いて……。鍵はわたしに差し出されていたのに、わたしはそれで開くドアを見つけなかった。

　完全なる充実は、即座に手に入る――たとえルーティーン仕事の最中でも。わたしは四国から帰ったあとで、空海が開祖である真言宗では、生きたまま悟《イルミネイション》りに達するには、我々の日々の行ないのあれこれを排することではなく、取り入れることこそが要件なのだと学んだ。わたしがその足跡をたどろうとした精神のマスターはそう教えていたのだ！　2世紀インドの仏教僧で哲人だった龍樹《ナーガルジュナ》は、涅槃とは〈また別のアングルから見られた、ありふれた現実〉［原註40］以外の何物でもないのだと力説した。今、わたしに雄弁に語りかけるのはこうしたことだ。

　パラダイス、それは「今、ここ」！　そして、その門は決して閉まらない。わたしは、「日常の鍵」で開けられる、現実の世界のまた別の深遠さに触れる。その素顔を垣間見る。毎日を新しさで飾る、本来の光に立ち返る。やまびこはわたしにいつまでも繰り返し、言い続ける。〈パラダイス、それは「今、ここ」！「今、ここ」！ 素晴らしいものはここにある。現在につかまること、それはその人の「ホーム」にいること。今の瞬間を生きること、ただ単に、それが生きること〉

この共時性《シンクロニシティー》に面食らいながらも、わたしの心は舞い上がった。わたしは、心の奥でこの超現実主義的《シュールレアリスティック》な出来事に話しかける。起きたことと、パリでの現実との辻褄を合わせる方向に、考えを自由に巡らせる。まるでわたしが、自分固有の建造物の丸天井のキーストーン〔訳註：丸天井の中心にあるかなめ石〕を持っているかのように。その真ん中の石は最後に置かれ、そして他のすべてを支えていて、それなしでは建物は頂上に向かって盛り上がることはできない。わたしは、まるで、自分自身でなかから鍵をかけた扉の鍵を空海の足跡の上に探しに来たみたいだ。私的な大聖堂《カテドラル》の玄関口《ポーチ》——わたしの土台となる崇高なる部分——を開く鍵を。あらゆる考えが浮かんでは組み合わさり、わたしを揺さぶる。

四国に旅立つほんの少し前に見た夢が、そのとき記憶によみがえった。夢のなかで、わたしは魅力的なアパルトマンを訪れているが、それが自分の家だと分かる。そこに来客があって、顔は覚えていないけれど、とても親切そうな人だった。わたしはこの客人をある部屋から、別の部屋へと案内する。そのとき客がわたしに、ひとつのドアを指し示すのだが、そのドアをわたしは一度も見たことがなかった。どうして今までこのドアに気づかなかったのだろうと不思議に思っていると、客人は、その鍵のかかっていないミステリアスなドアを開けるようわたしを促し……そこでわたしは唖然とする！　鮮やかな光にあふれた広大な部屋が目の前に広がり、目がくらまんばかりだ。この空間を探査しろ、これはあんたのなかの無限について語っている空間なんだよと背中を押されているようだった。そんな象徴的な意味に読み解ける夢。夢状の鍵……。そこでわたしは目覚めたのだったが、この夢のエピソードの強烈な印象は、今日までとても生き生きと自分のなかにとどまっている。まるで、わたしのなかの存在が、光に包まれることを切望しているみたいに。そしてわたしが〈涅槃の道場〉に入ったとき、わたしはあらためてこの命令を聞く。わたしの深いところにある聖なるチャペルの鍵は、手の届くところにある。〈古い伝説から立ち上がりながら、おまえが我々のほうに進み、空を開き、そして至福の館の扉を開ける鍵を届けることを彼らは感じ取らないのだ。おまえ、無限の神秘の、無言のメッセンジャーよ！〉（ノヴァーリス）［原註41］。

だとしたら、実際に毎日を驚きに満ちた奇跡として受け入れ、日常の領域に満ちあふれているあらゆる可能性の扉を、毎朝開けるべきなんじゃない!?

自分のなかで別の生き方がはっきり見え始め、エネルギーが十倍増しになったような気分で《民宿おかだ》に到着する。段階的に自覚が進み、そして生まれ変わる……。この冒険の本当の行為者としてのこの道がわたしに進路を示している。その道で、わたしは親指太郎のように小石を集めては心の家に運ぶ。わたしは、もうちょっとで「ミラクルだ！」と叫ぶところだった。すべてがはっきりした。

この日の夜を、まさに遍路旅らしい雰囲気のなかで過ごす。ここはお遍路のためだけに存続しているようなところで、もてなしの気前のよさも典型的だ。絵はがき、新聞の記事や巡礼者の写真などがたくさん壁にピンで留めてある。宿のあるじは子供のように生きるよろこびを表すご老人で、その妻と息子、3名の歩き遍路仲間とわたしとで、とびきりの夕食を深夜1時まで楽しんでいた。キーワードは同胞愛と気さくさ。そしてもちろん、心の奥に響きわたるのは〈天国、それは「今、ここ」！〉。みんなの笑い声がその場を満たし、わたしはクリスティアヌ・サンジェの次の言葉を自分のものにできる気がした。〈わたしは、愛が結びつきであり、それがわたしたちを互いに結んでいるのだと、そのときまで信じていました。しかし、それどころではなかったのです！　わたしたちは、結ばれるまでもない――我々は他の人々の内側にいるのです、お互いに。それが神秘なのです。そこに最大の眩暈《めまい》を覚えるのです〉[原註42]。すべての出会いと向き合い、「わたしたちはもう、ひとつのものに過ぎないのだ」と感じる、そのつながり《コネクション》に直面したときの眩暈《めまい》。この日本でのわたしの歩みが進んでいくにつれて、わたしは、我々に共通する人間性を巡る、この一体性の神秘にさらに近づいている。あなたとわたし、わたしたちは**ひとつ**のものに過ぎない……。太字で書くべき「**ひとつ**」のもの。

8月13日　崇高なるもののささやき

この日は、民宿で一緒だったうちのひとり、36歳のアキヒサと歩き始める。彼は、そのきびきびとした足取りで、第六十六番札所の雲辺寺《うんぺんじ》へ向かう上り道の最初の数キロで、あっという間にわたしを引き離してしまう。「雲の辺り」とはよく言ったもので、標高927メートルの山頂へと続く山道は「遍路ころがし」と目されている一方で、その美しさもたいへんなものだ。針葉樹とアザレア（オランダツツジ）の森が、渦を巻くように広がるもやで霞んでいる。光は木々の葉を貫いて、這うように差し込んでくる。そのアラベスクの舞踏に誘われるわたしの歩みもダンスのように軽やかだ。この道は、より高所へとわたしを巧妙に引っぱっていき、頂上へ着いたときにそのことに気づかないほどだった。木々が、太陽の光線が、すべてが、休みなくわたしの耳と心のくぼみにささやいている気がする――〈天国は、「今、ここ」にある！　生きていることの面白みを、楽しみ味わいなさい！　現実に参加しなさい！〉と。

わたしはそこで、しばらくの間境内を気ままに散歩していた。空との距離の近さが、この場所にスピリチュアルな強い輝きを与えている。ここのすべてが、視線をもっと高いところへ向けよとわたしに言う。わたしはそこで崇高なるもののささやきを耳にする。

わたしは生きている

空高く見やるとそこには
赤とんぼが飛んでいる
〈夏目漱石〉［原註43］［訳註：おそらくこの仏語原文は、〈生きて仰ぐ空の高さよ赤蜻蛉《あかとんぼ》〉の仏語訳だろう］

そう、わたしは生きている。そして、わたしは、とても遠くにありながら、とても近くにある空の無限の前で瞑想に入る。

この場所にはほとんど人けがなく、からっぽのロープウェイが動いている。寺の建物が太陽に輝き、穏やかな美しさを発している。この静けさのなか、薄い青みを帯びた山頂と、金色に光る稜線のパノラマを心ゆくまで楽しんだ。

五百体もある、仏陀の門弟たちの石像（羅漢像）の眺めが圧巻だ。第六十七番のお寺に向かって下っていくジグザグの坂道。その道沿い1キロメートル超にわたって、それらの彫像が通り過ぎる歩き遍路に温かく声をかける。笑みをたたえた像があれば、いかめしい顔つきのものもあるけれど、彼らの存在が、このどこまで続くのか知れない下り道を進む心の助けになる。

第六十七番札所の大興寺《だいこうじ》に到着。そこでコージと再会できたこともうれしい。わたしたちは、納札《おさめふだ》を交換し、互いに相手を弘法大師のご加護にあずかる者として推薦し合った。二人で笑い、まなざしで心を通わせ、般若心経を一緒に朗唱した。

今夜の予定宿泊地は観音寺市だけれど、そこまでの道のりはまだ遠く、アスファルトからの照り返しが燃えるように熱い。白くピカピカに輝く、エアコンを効かせた車がわたしの脇に停まる。孫息子を連れた高齢の男性が心配そうな様子でわたしに大丈夫かと尋ね、乗せていってあげますよと申し出る。

「Aruite. Arigato gozaimasu.」

わたしが辞退すると、彼は同情のこもった視線をわたしに投げ、そして車を出した。しかしそこから何キロメートルか先の道沿いの一軒の家の前で、まさしく「おもてなし委員会」が、わたしを待っていた。まるで、こんな暑さのなかを歩いているちょっと頭のおかしい白人の女遍路がいたよ、ってなことを拡声器で触れ回られていたみたいだ！　一家全員がわたしのほうへ駆け寄ってくる。さっきのおじいちゃん、彼の女きょうだいと、義理の兄弟、孫と、甥のコウジ。

彼らは目下、祖先の霊を供養する仏教の祭事「お盆」のために四国で再会しているのだという。故人を偲び、オマージュを捧げるために多くの日本人が、この時期に数日間のヴァカンスをとって家族で集まるのだ。死者の魂を導くために、それぞれの家の前に灯りをともす。家のなかにある、仏壇という先祖の霊を祀る祭壇にはロウソクを灯し、お供えをする。……わたしは腰を下ろし、しばらく考えてみた。文化としてはずいぶん違いはあるが、やはり人間の本質は共通している。

〈常に迎えてもてなしなさい。そうしてあなたがたの多くが、そうとは知らずに天使たちを泊めてきたのです〉（ヘブライ人への手紙）［原註44］と、使徒パウロは助言している。わたしはというと、たくさんの天使たちに絶え間なく迎えられている立場だ！　そしてまたもわたしは、満ち足りた客人となった。ご馳走になったうえに、コウジからは身体のメンテナンスをしてもらって元気がみなぎっている。若い彼は中国伝統医学の学生で、わたしにお灸の施術をしてくれたのだ。

こうしたすべての出会いを通じて、ここ日本では豊かな気品とともに表現される友愛の精神が、自分のなかにすっかりしみ込んだように感じる。毎日わたしにこの上なく貴重なプレゼントをしてくれる、すべての心の旅の仲間たちによってこの身を運ばれているのだ。「心の道」の徒歩巡礼者であるわたしは、途方もない愛の集積所になっている。つい今しがたまで見知らぬ人たちだったのに、気がつくと親愛なる友に囲まれているような気分になる……それも神々のメッセンジャーの一団かというような人たちに……。緊密な一体感が湧き出てくる。あなたとわたし、わたしたちはひとつのものに過ぎない……。それにわたしは、ここの人たちの上半身を傾ける非常に控えめな挨拶の動作に、毎日、より少しずつ深く、心を打たれている。そのジェスチャーから、相手の内にある崇高な部分を感じ取る。その部分がわたしたちの存在の土台なのだ。

そしてわたしを待っているのは、またも、そうした温かい場所から自分を引きはがして旅程に復帰することだ。何度もその繰り返し。また新たな出会いに向かって。

この日の宿の主人の娘は、日本でドイツ人男性と結婚し、二人の小さな子供がいる34歳の若い母親だった。一家は4ヶ月前からドイツに暮らしていて、彼女だけが四国の実家に帰ってきているところだと言う。話してみると彼女の英語は完璧で、西洋に対する開かれた理解力も確かなものだったし、考え方も西洋ナイズされていた。その一方で、四国の伝統的な社会をあまり好んでいない様子だったので、わたしは、ここで何世紀にもわたる伝統や、今もしっかり息づいている先祖伝来の慣習に触れて感嘆したことを話すと、彼女は、むしろ必要なのは現代性だと言う。そこでわたしは、この地の人々がとても熱心に保ってきた宗教的なしきたりを体験して感じた素晴らしさについて述べると、彼女はわたしたちのヨーロッパ文化、特に世俗主義《ライシテ》に対する熱い賛意を表すのだった。この豊かな意見交換のやりとりのなかで、日本社会の複雑さをおぼろげに理解した気がする。魅惑的な国、パラドックスに満ちたその文明。

8月14日　天への上り坂

今朝はまず散歩に出かけた。国の名勝に指定されている琴弾《ことひき》公園の桜の木やツツジ、椿の間を歩いてみる。明け方の微光のなか、園内はまだ静かだ。敷地内の山の上からは《銭形砂絵》を見ることができる。砂を掘り固めて作られた円周約350メートルの硬貨で、これを見た者には幸運がもたらされるらしい。……だったら、山を登る力を惜しまず、そこからさらに脇まで行ってみるしかない！

今日のコースには寺院が密集していて、神聖な名所もいくつもある。右足「タック」「カラン」左足、「タック」……。「神の恵みの寺（神恵院《じんねいん》）」「主なる山の寺（本山寺《もとやまじ》）」「仏の谷の寺（弥谷寺《いやだにじ》）」

「マンダラの寺（曼荼羅寺《まんだらじ》）」……。第七十三番の「仏陀出現の寺（出釈迦寺《しゅっしゃかじ》）」は、空海が7歳のときに身を投げた断崖にちなんでその近くに建立されたという。仏の教えを広めて多くの人を助けることを誓い、その願いが叶うのならばわたしを助けたまえと釈迦如来に唱えた空海は、天使の一団に救われたというのだ。

「タック」「カラン」……。第七十四番は甲山寺《こうやまじ》。そして第七十五番が善通寺《ぜんつうじ》、空海生誕の地だ。真言宗善通寺派の総本山となったこの聖地は、ゆえに非常に尊ばれている。境内には主要な建造物が七つと、巨大なクスノキに囲まれた大きな五重塔、そして日本では珍しい形をした卒塔婆《そとうば》がある。この場所の隅々にまで感じられる威厳が、一日の終わりの金褐色の光に照らされ、一層際立っている。

この聖なる場所には、お守りが目立って多く並んでいた。病気の治癒を願ったり、悪いものを遠ざけ幸運を呼ぶ目的でいろいろなところにつけるのだ。

その後このお寺の宿坊に到着。ここは大人数の遍路や訪問者の受け入れ態勢が実に整っている場所だ。夕食時、おととい出会ったアキヒサとばったり再会したのは思いがけない、楽しい出来事だった。

14 絶対的なものに対するおののき

8月15日 普遍的な祈り

5時30分。お坊さんたちの唱えるお経で心が高まっていく素晴らしい朝の法要《お勤め》に参加する。カトリック教徒にとってはアサンプション（聖母被昇天の祝日）のこの日、自分が普遍的な精神性《スピリチュアリティー》と深くつながっていることを感じる。そこではあらゆる民族と文化が互いに真に対話でき、そこでは多元論が「一点」に向かって収斂《しゅうれん》する。ここに、あそこに、地球の向こう側に、祈る大地があり、超越性を渇望する世界があり、絶対的なものに心つかまれた人間がいる。身振り、手の形、折られた膝、傾く上半身、贈られる朗唱、無限へと立ち昇るいくつもの炎。たった今、この惑星全体がいたるところで永遠なるものに祈っている。わたしは、その壮大なる集団祈祷に参加しているのだ——年齢の壁もなければ、肌の色や、国境の壁もない、この共同の祈りに。宗教ごとの儀式のしきたりや作法の違いを越えたその先で称えるものはひとつ。源にあるものはひとつ。あなたとわたし、わたしたちは**ひとつ**だ。

僧侶のひとりが法話を始める。言葉は尽きることなく流れるが、もちろんわたしは少しも理解できない。うねりながら続く彼の発する音のなかに、それでもなんとか聞き取ることに成功した言葉が〈ミギ〉と〈ヒダリ〉、巡礼のなかで身についた言葉だ。と思ったら突然、法要に参加していた人々がほとんど音も立てずに立ち上がり、朝食の場所へ向かう。お坊さんがそのように全員に指示したのだ……と思う。わたしも一団についていくと、そこは驚いたことに、これ以上ない完全なる闇のなかに沈んだ地下通路。どこまで続いているのか分からない、狭い、まったくの暗闇にこれから入っていくというのだ。闇を探る左手が、洞窟のすべすべした内壁を撫でる。わたしは、まったく何も見えないまま、その先に100メートル以上続く壁をたどっていった。あとになって知ったのだが、この地下廊下に入ることを〈戒壇巡り《かいだんめぐり》〉と呼び、この廊下は空海が生まれた場所のちょうど真下に位置している。これは仏陀の道も表現していて、曼荼羅、天使《エンジェル》、蓮の花が描かれた壁に沿って進み、最後、光に迎えられることによる象徴的な再生を体験するのだ。わたしには、それにこだまするようにヴィクトル・ユゴーがささやく声が聞こえた。〈自らの夜にある人はそれぞれに、自らの光に向かって出かけてゆく〉［原註45］。わたしはこの「迷宮」から地上に脱出できたとき、大いなるよろこびを覚え、白日の光の下でほっと息をついた。あの第十二番札所に向かって山を登っていたときに、生気の頂を目指して自分を高揚させようとすることがとてもたいへんだった。それと同じく、自らの闇に沈んでしまう懸念を呼び覚まし得ることした闇のゾーンに潜ることも、まったく容易なことではない。

右足「タック」「カラン」左足……。第七十六番、金倉寺《こんぞうじ》。商業地域が続く丸亀市と宇多津町を横断する道のりが長い。

第七十七番札所の道隆寺《どうりゅうじ》で、大阪から電車でやってきたという40代の遍路、カズノブと知り合う。か細いけれど、どうやらたいへんな食い道楽《グルマン》のようで、わたしの国籍を知るや、味蕾を小躍りさせて「フア・グア」「エカウゴ」「フゥマーズ」（と、聞こえたが、フォアグラ、エスカルゴ、フロマージュのことだった）とワインの話を始めた！　多くの日本人がそう自覚しているとおり、彼もまた、ご馳走と味覚の幸福の信徒。わたしはそんなカズノブのような人が好きだ！

どうやら美食《ガストロノミー》がこの日のキーワードとなる。というのも、第七十八番の郷照寺《ごうしょうじ》を訪れたあと、わたしはミエ・オザキとの会食《アガペー》に招かれ、いろいろとご馳走になったからだ。ミエはレオ・ガントゥレの友人で、丸亀在住のフランス語教師であり、《Shikoku Muchujin（四国夢中人）》［原註46］という協会の代表だ。ダイナミックで偉大なる「お母さん」である彼女は、毎年ヨーロッパ、とりわけフランスで、独自の四国のプロモーション活動を展開している。その後もわたしたちはパリで再会し、今も彼女とのつき合いが続いていることがとてもうれしい。コンポステーラ巡礼路を歩いたあと同様、こうして織り上がった友好関係は、「最も重要なもの《エッセンシャル》」を共有するために永続するのだ。

ことわざで、〈年はまた来るも等しからず〉と言う。去年の8月15日、コンポステーラ巡礼路でのピクニックのつましさとのコントラストも感慨深い。余分な荷物を嫌ったのと、お店がみな閉まってしまう祝日を見越して食糧を仕入れることをしなかったせいで、巡礼仲間のフランシーヌとわたしはその日、それぞれのバッグをひっくり返し、食べ物をかき集めてみた。それは質素なメニューだったけど、わたしたちは嬉々としていた。ドライ・アプリコットの載ったお米のガレットが2枚、ヘーゼルナッツが3粒と4粒の干しぶどう。それは「道」の魔法だった。質素な昼食を祝宴に、広がる草地を、上等のレースのテーブルクロスに変えるのだ。

8月16日　魂の高揚

右足、左足……。札所は次々にやってくる。そして今日、「八十」というシンボリックな数字を超える。国分寺《こくぶんじ》、そして白峯寺《しろみねじ》、根香寺《ねごろじ》、どれもが高地にあるお寺だ。そしてどこにも、ほとんど人影はない。暑さで霧がかった高松湾をぼんやり眺めた。その向こうに「水平線《ゴール》」が浮かび上がって見えた。

8月17日　天国の鍵

「タック」「カラン」……。第八十三番札所、一宮寺《いちのみやじ》。ひと月半以上も前、初めて四国の地を踏んだこの高松市に戻ってきたことに感動を覚える。親愛なるハルノリと再会、栗林《りつりん》公園を散策し、小舟で池をひと回りする。この面積75ヘクタールの公園は、その起源を1600年代の初めに持ち、その姿は江戸時代当時から変わっていない。わたしは眼前に広がる風景に魅せられる。前方には松に覆われた紫雲山《しうんざん》があり、6つの池と13の丘、積まれた石の造形、ただ美しいアイリスや蓮。道を曲がるごとに魅惑的な風景が変化し、目の前に多数の浮世絵が次々に立ち現れるかのようだ。

それからわたしたちは、松岡さんの家を訪ねた。わたしが日本の地での最初の夜を過ごした場所だ。あのときはまだ見知らぬ地だったこの島に着いたときの情景が記憶のなかから浮かび上がってくる。ずいぶん昔のことみたいだ！

そしてわたしにとって、著しくスピリチュアルな儀式の瞬間が訪れる。彼はわたしにアパルトマンの鍵を手渡す。わたしの内なる**王国**の鍵だ。わたしはそのとき、聖書のエピソードと共鳴するものを感じた。鍵に最もスピリチュアルな意味合いを与える、キリストからペテロへの約束のエピソード――〈わたしは、あなたに天国の鍵を授けよう〉（マタイ伝）［原註47］だ。わたしはその物体を「新しい目」で眺めた。それ以前には、そういうふうにこの物体を注視したことがない、という眺め方で。わたしは、自分の変化の道具を手にしている。この「わたしの家へ帰る」という――わたしの根源《オリジン》が住む場所へ帰るという――奇妙な感じ。わたしは熱狂する――その語源学的な「神の輸送」の意味で［訳註：古典ギリシャ語の「enthousiasmós／神の輸送」が、熱狂〈enthousiasme〉の語源］。わたしのなかに空間が開く。この鍵は、わたしに新しい人生観をもたらす。「ここ」にあるものに、ただ「ウイ《イエス》」を言うこと。

松岡さんはそのあとで、初日に同行したＴＶクルーが撮影していった映像の一部を見せてくれた。目の前で、次々に現れていく映像を観ると、この女性遍路が歩いてきた行程に我ながら感動してしまう。このときは真言宗の礼拝のしきたりを知ったばかりで、お参りの動作もためらいがちだったが、今ではすっかり毎日の習慣になっている。今日までどれだけの距離を歩いてきたことか！　それは地理的な距離であると同時に、とりわけ自分の内面の領地を、自分の存在の深部を目指してかなり前進したことでもあるのだ。

15　無限の祝賀

8月18日　願いを満たす

右足、左足……。第八十四番の屋島寺《やしまじ》に向かう間に、高松市街地の興奮がしだいに遠ざかっていく。寺に着くと、そこから瀬戸内海と高松市内が一望でき、向こうの丘の上に次の寺院も目視できる。かなり急な上り坂に苦しんでここまで来ただけに、このあとにはすごい下り坂が待っていそうだ。境内にある、思いがけないタヌキ（アライグマとアナグマのあいのこのような動物）の石像の脇で、スイスから来た遍路カップル、マリアンヌとオリヴィエと再会して盛り上がる。

その先の屋島の港で、ハルノリがわたしの歩きのお供をしてくれるために合流する。陽気な彼の存在がありがたいし、道中の伴侶がいるのもうれしい。おかげで、五剣山《ごけんざん》を標高３００メートル地点まで登る険しい道も足取りは軽かった。真上にある太陽の光で、第八十五番札所の八栗《やくり》寺《じ》が燦然と輝いている。山の斜面に位置し、岩の絶壁に囲まれているこの場所には、瞑想と、歩き疲れた巡礼者を再生させるのに適した落ち着いた静けさがしみ渡っている。

歩き始めた一日目のように、わたしたちは一緒に、胸に迫る般若心経を唱える。この美しい境内で、二人の混じり合った声が、目に見えないものとの親密な関係を結ぶ。そして再び、時間と空間は消えてなくなる。唯一重要なのは、わたしたちと一緒に歌っている、わたしたちよりも遥かに広大なる**存在**《プレゼンス》に包まれた、わたしたちの存在《プレゼンス》。

　商業地域と風情に欠けるルートを通り抜け、この日の巡礼の旅は、わたしの巡礼の旅そのものを巡りながら続く。ハルノリが連れていってくれたのは、わたしが到着してすぐ、「お遍路さん」に変身したあのブティックだった。その次に、とても平静を保ってなどいられない、第八十六番札所への再訪。すべてのお寺で行なう一連の参拝儀礼の手順を総稽古したあの舞台だ。ここに戻ってきた陶酔感とともに、また新たな別の目でこれらの場所を再発見する。もう、何も前と同じには見えない。すべてが新しい何かで飾られている。

　その耳に快い名称と釣り合う第八十六番の志度寺《しどじ》は、わたしの願いを更新するのに理想的な場所だ。ここには「願いを満たす」という意味合いがあるのだから。納礼には、わたしのあらゆる意向をリストにして弘法大師に打ち明け、熱烈な思いと共に、それを本堂と大師堂《だいしどう》の箱にそれぞれ納めた。

　この夜、この先にいただくご朱印の数、この道でわたしに残っているごくわずかの時間を思い、少し物悲しい気持ちになり、胸が締めつけられる。でも、この地球の裏側の小道で、煎じられるお茶のように新しい生気を吹き込まれた安心自信《アンフュジオン》わたしはとても気分がいい！

8月19日　希望と再生

〈静かな朝の歓喜に感じる、出発の震えをきみに伝えたい〉（グザヴィエ・グラル）［原註48］。光はまだ、微かな夜の青に包まれている。眠りから覚めたこの自然のなか、わたしの歩みは、ビロードの上を歩いているように柔らかい。杖たちは、口ごもっている夜明けと一緒になってささやいている。果敢に夜の黒のヴェールを貫いて差し染めるまた新しいあけぼのが、昨日はもういないよ、今日が入れ替わるんだよと大声で叫ぶ。このしあわせな確認がわたしをあと押しし、毎日さらなる糧をわたしに与え続けている。

最後のお寺の数キロ手前で、「成功のしるし」を受け取る。サンティアゴ・デ・コンポステーラ巡礼者にとっての〈ラ・コンポステーラ〉――巡礼手帳に捺されたスタンプに漏れがないか点検されたあとで発行される、ラテン語で記された巡礼達成証明書――と同じように価値あるものだ。今日もらった証明書は、わたしを公式に四国八十八ヶ所遍路大使として任命し、遍路文化を広める任務を託すというものだ。遍路の歴史と空海の功績を伝える資料展示室が併設されているこのオフィスで、四国の島の模型に強いインパクトを受けた。そこには、わたしが願いを託し、ロウソクを灯し、線香をたいて供え、祈りの言葉を唱えてきたすべてのお寺が配置されている。それにしてもすごい地形の起伏！　海の深いところから多数の山々が突然姿を現して出来上がったかのようだ。わたしが歩き回ってきた道と、乗り越えてきた高低差が一望できる。その高さを誇る第十二番札所を見て、そこにたどり着くまでに苦しんだすべての峠を思い出す。同じく高所にそびえる第六十六番の寺院……八月の辛辣な太陽にも苦しめられた分だけ、一層強く印象に残っている。数々の情景が次々に、脳裏を力強く駆け抜けていった。

「タック」「カラン」……。女体山《にょたいざん》を登る。

ひとり歩きの悦楽に浸りながら、八十八番目の札所、大窪寺《おおくぼじ》への到達を孤独のなかで味わいたいと切望する。今日という日には、他のお遍路たちとあまり会いたくない。というような禁欲的な願望は、道すがらマリアンヌとオリヴィエに突然再会したことで見事に断たれてしまう。こもり続けようとした殻を割って、外へ出ることにしよう。人生は孤独な旅路ではない――その本質的な確信を持ち続けよ、という警告を受けているみたいだ。もし自分自身で何かを始めたとしても、それは他者を介して継続するのだし、その他者のおかげで、真の我々の姿が見えてきたりもする。自分と他者との違いに向き合うことは、我々の、我々自身についての意識をよりはっきりさせることであり、それが成長プロセスの確かな一部なのだ。ひとつひとつの出会いがわたしたちを更新させ、新しいものに向けて開かせ、わたしたちの内面の建物の建造に、ひとつの石材をもたらす。〈自分自身から自分自身へ向かう一番の近道は他人を通ることだ〉（ポール・リクール）［原註49］。

最後のお寺の山門を目前にした上り坂。わたしより先にこの道を歩き終えた遍路たちの表情と、わたしのあとを歩いている遍路たちの姿、それらを目にすると熱いものがこみ上げてくる。この道の上で、超越性に向けて掲げられた祈念。この道がそのすべてをわたしにも分け与えてくれる。両目が曇る。あなたとわたし、わたしたちはひとつのものに過ぎない。わたしの歩みのマントラ。わたしは独立した生き物ではなく、まさに大海の小さなしずく、生きている者たちの作る長大な鎖のひとつの輪っか、宇宙の巨大な機構のひとつの細胞。

わたしは、この場所での一連の参拝儀礼を充分に味わいながら勤め、そして大きないちょうの木を前に、その威厳に感じ入っていた。木の幹に巻きつけてあるしめ縄が、これが聖なる樹木であることを意味している。いちょうの木は樹木のなかで最も歴史が古いもののひとつで、1945年8月6日に広島に原子爆弾が投下されたときに唯一生き残った樹木の種とも言われている。アジアの聖なる木、生命の、再生のシンボルとして希望をもたらす木。そこから放たれる穏やかで、澄んで静かな力強さが素晴らしい。わたしは、そっと樹皮に手を触れ、しばしその力を自分のなかにしみ込ませる。再生、生命、希望。この巡礼の旅の終わりに、それらの言葉がわたしに語りかける。

8月20日　命とのダンス

この日の朝も、わたしは第八十八番の大窪寺《おおくぼじ》にいた。宗教上の重要な行事が行なわれる日だからである。誰も英語を話さないので、わたしにはその行事［訳註：柴灯《さいとう》護摩供《ごまく》］の目的が理解できなかったが、それでも大したことじゃない。わたしは、宗教を超えたスピリチュアルな普遍性の意識との緊密な結びつきを感じているのだ。この古来の伝統に対する、集まっている人々の熱心さに惹きつけられる。みんなめかし込み、本堂前の広場の大きな炎を前に、儀式用の衣裳で飾った僧侶たちを含む大勢が力強く奏でる楽器のリズムに合わせて歌い、踊っている。燃える炎に向かい朗唱される祈りの言葉。奉納された供物が燃やされるその火から発せられる熱は、広場に集まった信徒たちをすっかり参らせている太陽の激しい暑さに勝るとも劣らない。息苦しささえ感じる空気。しかし人々の表情は冷静さを崩さず、敬虔ささえ漂わせている。実に平然たるものだ。燃え切った炭を四方に広げ終わると、裸足になった参加者の長い列が順にその焼けるような灰の上を歩いていく。「生まれ変わって再出発する」ためだ。わたしは、足にまめができているのと、この先もうしばらく歩かなくてはならないことを考えて棄権した。

明日は第一番の札所に戻る。八十八ヶ所を回り終えた結願《けちがん》後の慣習に従って、当初の出発地点に戻って巡礼を仕上げるのだ。この長旅の円環状の様相——曼荼羅のような——は、ただあるわけではない。象徴的に、円環は無限を、完全を、絶対を、天上的なものを、上昇を体現している。巡礼者が明確に定まったひとつの場所を目指すサンティアゴ・デ・コンポステーラの巡礼路とは違い、四国では、遍路は一点の最終目的地に向かって歩くのではない。遍路は、死と復活の輪廻《サイクル》をともなう命の車輪に似た輪舞《ロンド》に加わるよう誘われるのだ――自覚を増し、自己再生へと向かうロンドに。この循環的な運動は、軌道を見失った自分と更新された自分との間の連結符《ハイフン》のようなものであり、「人間」を「仏教的に悟った**人間**」へと向かわせる運動だ。自らを最大実現させることにリミッターをかけている繭《まゆ》に閉じこもった存在、それを解放する場と言ってもいい。第一番の寺院に戻る者は、ひとりの「別の人」であり、同時に、より深い彼(女)自身だ。(アントワーヌ・)ラヴォワジエは、〈何も失われることなく、何も作り出されることなく、すべてが変わる〉と主張していた。この道で、一歩一歩がわたしを、わたしに近づけた。わたしを、わたしがこの世界に「いること《プレゼンス》」に近づけた。わたしを、わたしの内にある世界に近づけた。わたしの存在の中心への収斂。

人は、ときに、円を描いて回ることによって、最も前に進むのではないだろうか？　この巡礼の旅のあとで、その問いについて考えてみることは価値があるだろう。

この世界の、そして地球の自転の偉大なる運動のなか、わたしは日本の道に挑み、そして命と踊った。イスラム・スーフィズムの修道僧が回転して踊る、聖なる祈りの旋舞(セマー)のように軽やかに回りながら、生命のリズムでワルツを踊ったのだ。その陶酔が肉体と魂を、核心のスピリチュアルな光のほうへと引っぱっていく。そう、わたしは音楽――それ自身から湧き出てくる音楽――に合わせ、くるくる回った……。

8月21日　生誕

目覚めの瞬間から、今日が八十八ヶ所の霊場を歩く最後の日だという思いで胸が締めつけられる。巡礼の終わりが、もう目の前に迫っている。この遍路道にいることが本当に気持ちいいのに！　一部のヴェテラン遍路のように、わたしも休みなくいつまでも回り続けることができるかもしれない。

わたしはガイドブックを見るのを止める。直感と自分のなかの羅針盤が導くままに進むことにする……もしかして、結果としてちょっと回り道をしてしまってもいいな、という気持ちと共に。ガイドを手放すというのは、「自立」して自分の足で歩ける人間になるために、子供がつないでいた親の手を放すようなものだ。それと同じ自尊心、同じ歓喜！　さあ、いよいよわたしは歩くんだ！　二本足で「自立」する存在なんだ！　確かな歩調でゆっくり歩く。最後のご朱印を受けるまでの残りの距離を、じっくり味わうのだ。村をひとつ横切るたびに休憩する。この最後の瞬間を大いに楽しむために、わざと迂回してみたりする。そうしているうちに、青空をバックに浮かび上がる、わたしの旅の出発地点のシルエットが遠くに見えてくる。

第一番札所霊山寺《りょうぜんじ》に到着。厳粛な静寂のなかで、心が燃えるような熱を帯びる。わたしだけの歓喜の祝祭。わたしの「存在」のすべてが、このパーティーに参加している。セレモニーはないし、何かのお手柄に対して拍手喝采されることもないし、自慢たらしく大声も上げないし、華やかなことは一切ない。この神聖な場所の門を今、くぐろうかというときに、両目の前がにじんで霞み、涙が両の頬を伝う。わたしは天上的なものと接している！　わたしのなかを飛び跳ねる、生の爆発。わたしの心の標的の真ん中に熱狂の刻印が捺される。命そのものに対する果てしない感謝の気持ちがわたしを満たすのと同時に、とてつもないよろこびが深いところから噴き出してくる。この世界に「存在していること《プレゼンス》」の、その程度の強さが増す。いる、という意識がさらに増加する。もうひとつの次元における出生。天上の火。踏破の眩暈《めまい》。ここまで重ねてきたすべての一歩一歩を思う陶酔。

　昨年の巡礼路では、達成感が分断された思いがあった。サンティアゴ・デ・コンポステーラの街に到着したあとも、道はフィステーラ《陸地の果て》岬まで続いたし、「地の果て」まで着いてみると今度は、道が大西洋の深淵に溶け合ってどこまでも延びていそうな気がしたのだ。一方、ここ四国では、わたしは到着しなかった。その逆で、すべてが始まり、道が開く。新たなスタートだ。わたしは根源《ソース》を見つけた。この円環は閉じない。その逆で、すべてが自由になるのだ。〈唯一重視すべきなのは歩き方だ。持続するのは歩き方なのであって、目的地ではない。旅人が山の稜線から稜線を歩いているときに、まるで目的地に到達することに意味があるかのような幻想を抱くに過ぎない〉（アントワーヌ・ドゥ・サン＝テグジュペリ）［原註50］。わたしの「存在」の車輪の輪心《ハブ》に、ハッとさせられる体験が集まってくる。コンポステーラの道を終えたとき、巡礼者は沈みゆく太陽に向かって着ていた服を燃やし、それによって彼（女）のなかで古い人間が死ぬ。四国の道を終えたとき、太陽は新しい人間の頭上に昇る。

〈人間的な、あまりに人間的な〉ものが感知されることなどもう問題ではなく、我々の身分の崇高さに気づくことなのだ。わたしは厚顔にも、〈人間的な、人間的以上に人間的な〉と言いたい。わたしはここで、感動的な垂直軸の体験を味わっている。深い根の部分に腰を据えると同時に、天上の光に向かって自分を高みに持ち上げ、自分の存在の中心軸に同調する。この、**天**と**地球**の間の連結符《ハイフン》たる**人間**のステイタスへの接続。わたしは、自分の心にも、この生身の肉体にも、大いなる存在感《プレゼンス》が息づいているのを強く感じる。思いも寄らなかった包括性が、そのとき、わたしを襲う。わたしは自分が、集め溜め受けるもの――聖杯《チャリス》だと感じられたのだ。わたしはそこで、自分のなかの**生命**の絶頂を味わう。これが、入門者として今回、この八十八ヶ所の霊場を巡ったわたしの魂のツアーのハイライトだ。

わたしは、人生のあらゆる時期を横断して歩いたような感じがする。今この瞬間、わたしには、自分がかつてそうだった子供と、今そうである若い女と、ことによるとそうなるであろう母親と、そういうときも来るのだろうおばあさんとの間に一切の壁が存在していない。もはや一切の分類の区分がなく、ただ、その一点の曇りもない華麗さのなかの**生**があるだけなのだ。ひとつの、分割できない**生**。贈られ、わたしの細胞のなかで、また、わたしを取り囲む世界中の人々の細胞のなかで、パチパチ跳ねる**生**が。

まるで、身体と精神、目に見えるものと見えないもの、人間性と天上的なもの、直線的な時間と永遠、闇と光、独自性と普遍性、虚空と完全が、ひとつのものでしかないかのようだ。メンタルの面で強いられているあらゆる二項対立と二元論的な分類が、原初的な相互浸透によって溶解してしまったかのようだ。恣意的な国境線とか、あるいはカテゴライズして断片に分け、分裂させ再区分する我々の知性によってすっかり作り出されてしまった思想上の人工分裂は、この瞬間、もう通用していない。その「この瞬間」が、わたしをそうした対立の遥か向こう側に運んでいるからだ。

　もう、ヒエラルキーはなく、比較もなく、二元性もない。何も相反せず、何も打ち消し合わず、何も締め出し合わない。すべては積み重なり、すべてはつけ加わり、すべては溶ける。時間は宙吊りになる。空間は気化する。すべてが凝固し、すべてが黙り、すべてが同調する。この一瞬は「無限」を好み、「永遠」の味わいを好む。それが、無限の広がりのなかに希釈していく。わたしには、世界がこんなに美しく思えたことはなかった！　このときになって初めてそれを見たような気がする。般若心経の偉大なメッセージがこだましている。そこでは、すべてが**ひとつ**になるのであり、そこでは〈形あるものと実体のないもの、有限と無限、生じるものと滅するもの〉〔原註51〕を対立させることをもう問題としないのだ。頭で把握される壁など、（「ある」ということのあらゆる形や意味を意識した）存在論的で豊かな相互間のつながりのなかで崩れ落ちる。この今の瞬間、わたしは「無」――その、わたしをすべてに近づくように仕向け、わたしを大いなる一体性のなかに溶かすもの――が感じられる。わたしは、「生命のなかにあること」というこの素晴らしい体験において、自分のなかの単一性を出頭させる。他ならぬ**それ**の、存在感《プレゼンス》の強烈さ。〈我々はスピリチュアルな体験を生きる人間ではない。我々は人間的な体験を生きるスピリチュアルな存在なのだ〉。このピエール・テイヤール・ドゥ・シャルダンの有名な言葉に、わたしはこの瞬間、完全に合点がいく。天上的なものの人間性と、人間の神性。

そして空海が、わたしに自分の最も重要な点《エッセンシャル》――わたしの存在の核心にある、光が振動する宇宙――を踏査するように仕向けた、魂の師のような存在なのだと思える。魂の案内人《ガイド》のように、彼は、この「お遍路」の仕上げのただ中に、わたしを無限との遭遇へ導いてくれたのだ。

本堂の天上を飾るおよそ百もの灯りの下、朗唱される最後の般若心経が歓喜の歌のように、再生の頌歌《オード》のように、**生命**への称賛の言葉のように響きわたる。虚空にあって、すべては形をとり、すべては明らかになる。虚空は限りない可能性の源泉なのだ。完全なる意識――からっぽの意識。〈恩寵は満足させる。しかしそれは、それを受け入れるための虚空のあるところにしか入り込めない〉（シモーヌ・ヴェイユ）［原註52］。言葉は白いページの上に記される。絵は汚れていないカンヴァスから生まれる。音は沈黙にしみ通る。言葉で表せないことは人が黙ったときに現れる。わたしたちの存在にある崇高なる意義は、その根源、焦点から湧き出てくる。そこへのアクセスを妨げるあらゆるもの――自分本位さ、心理的に拘束されること、自分を偽ること……――から免れさえすれば。最初はわけの分からなかった般若心経が理解できるようになる。その言葉の価値を噛みしめている。

本堂と大師堂の前でそれぞれ、お香から渦を巻いて錯綜する煙に包まれながら、わたしはしばらくの間、自分で灯した最後のロウソクの炎が踊るのを見ていた。軽やかなそれは、そよ風が撫でるたびにふらふらと動く。その揺すってあやすようなリズムが、自分のなかに高まってくる新しい呼吸のリズムと調和する。静かな感動で目が潤む。自分のなかに見え始めた気がする光、それを連想させるロウソクの炎を、熱い涙が湧いてきて曇らせる。「**存在**」の快挙。その光を拡散させ、そしてそれが世界の闇に輝く大勝利を見ること。

八十八ヶ所霊場の納経所に立ち寄るのも最後だ。これでわたしの納経帳は、歩き続けた者の豊かな移動の跡が残された、たくさんのご朱印でいっぱいになった。ときに大胆で、ときに軽快な墨書の筆の運び。これを開けば、それぞれのページからたくさんの顔や、親愛の情にあふれる感動的な出会いや、万華鏡のようにめくるめく鮮やかな色彩や、夜明けに光る朝露のしずくや、変化に富む虹色の風景が飛び出してくる。天のほうを向いた人間の祈りが立ち現れるのが聞こえる。とどろく雷雨を身体に受けもするだろう。線香やタタミの匂いを、冒険の芳香を、日を追うごとにはっきりしてくる心の高ぶりを感じるだろう。濃厚で密度の高い時間に親しみを抱くだろう。一歩一歩がどこまでも続く呪術的なリズムに我を忘れるだろう。燃える夏の辛辣で鋭利な太陽の襲撃を肌の表面に思い出すだろう。さまざまな食べ物の風味を大いに楽しむだろう。苦痛を、疑念を、驚嘆を、恩寵の瞬間を、時間の流れにうわぐすりをかけた、ちょっとしたよろこびの小片の数々を感じとらえるだろう。生きることの濃縮物が、両手のなかで突然活気づくだろう。

納経所の女性書家《ラ・カリグラフ》が、手首に着けていた木製の数珠ブレスレットをわたしにプレゼントしてくれた。そのあと、フランクな笑顔でわたしの目を見て、わたしについてきて、という合図をする。境内の石像をひと回りして、今日の来訪者が奉納した捧げ物をわたしに分けてくれるためだったのだ。わたしは、彼女の行為にも、見て回った「自然の物質」を霊化させた美しいエネルギーにも率直に心を打たれた。

うしろ髪を引かれる思いでこの場所をあとにし、今夜宿泊する予定の場所を探すことにする。お寺の近くに、押さえておいた場所があった。着いてみると、その家主はそっと目を上げ、わたしを一瞥するなりじろじろ見始め、そして高圧的な視線を浴びせてくる。明らかに、わたしは彼の安らぎの邪魔をしたのだ。彼は再び読書に没頭する。わたしは、このやる気もなければ、心遣いの欠片もない応対に唖然としてしまった。でも、ま、気にしない。わたしの心は、何者にも邪魔されようのない光り輝くよろこびであふれている。これもこの道がくれた貴重な教訓だし、それにわたしは今も毎日自分に言い聞かせている――〈すべては自分次第〉なんだと。

お寺の境内で夜を明かすことには確かに少し躊躇があったけれど、ここならばヘビもいないだろうと思ったし、わたしは意を決して荷物を下ろした。この時間の、人けもなくなって静寂を取り戻した聖地《サンクチユアリ》に戻りたいという思いも実は強かったのだ。広く静けさが行き渡る境内の庭には、無限が鳴り響いている。たくさんの鯉が泳ぐ池の脇で、夏のこの夜の心地よさに包まれながらベンチに身体を横たえる。わたしは去りゆく太陽と、そしてその丸さが踏破した円環と二重写しに見える、眠りから覚めたまばゆく光る月を眺める。星をちりばめたただ見事な天空が目の前に現れる。無数の天体が、〈永遠〉の立会人だ。いろいろなことに心を集中させた一日の陶酔、わたしのすべての細胞がきらめく、その熱に浮かされたような震えとともにある宇宙的規模の祝賀の幸福。そのときわたしは、この言葉をもっともだと思った。〈世界の端でも、ある時間の終わりでも、人が見つけ出すのは自己なのである。そして、その自己との恒久平和を確立するべきなのだ〉（エラ・マヤール）［原註53］。

第5章 《常にもっと先へ、常にもっと高く！》(ULTREIA E SUS EIA !)

あなたはあなたの人生の支配者なのだから、あなたの監獄など問題ではないでしょう。
あなたはそこの鍵を持っているんですよ。
——ダライ・ラマ

16　わたしの歩みの向こうに

8月22日　さよなら四国……こんにちは高野山！

瞑想にふさわしい深い静寂に包まれた第一番のお寺の境内、昨夜と同じベンチに座って、わたしは、太陽のかさでダンスするこの日最初の光明のなかで、世界の起床をじっと見つめている。ヴェールを脱ぐ生気。この新たな生命力が宿る世界に、目を覚ましたわたしの存在もまた、再生するのだ。朝の光、微笑む太陽、**生きるもの**の種子をまく**生命**。何も得る必要はなく、何かになる必要もない。ただ単に、この瞬間のただ中にいる自分を堪能し、わたし自身であるところの、この**命**を楽しむのだ。最新の一日の夜明け。

わたしの靴底をすり減らせ、わたしの存在を生まれ変わらせたこの島にさよならするときがきた。行き先は高野山。そこに行き着くために、わたしは一日、公共の交通機関、その人ごみ、大勢の日本人の日常に潜入《ダイヴ》することになる。時刻表というものがある世界に戻ったせいでいきなり走らされることにもなったけれど、今は、とがった響きがある女性的な声の謎めいたアナウンスにいい気持ちにさせられている。

まず最初は電車で徳島駅へ。そこではわたしの歩き遍路としての身分は依然として認知され続けていて、またもお接待の恩恵に浴することになる。続いて、今度は徳島港までバス。そこからフェリーが本州へと連れていってくれる。感謝と感嘆の思いの尽きない島、その岸辺が遠ざかっていく。

どうしたって、胸を締めつけるような愛惜《ノスタルジー》の念がこみ上げてくる……。流れ落ちる涙は、航跡の白い泡のなかに消え、わたしは、これまで巡った寺院を、情け深い仏陀を、エメラルドグリーンの小川を、竹林を、「水田のオラ《ウェイヴ》」を、線香から立ち昇る螺旋状の渦を、ロウソクの揺らめく炎を、思い出している。生まれかけの一日が玉虫色にきらめくなかで宿を出発する興奮の震えを強く感じている。四国に到着したときのことを、出会ったすべての人を、光を見せてくれる「存在」との出会いを、日ごとに織り上がっていく絆を、心と心の間のとても強力なコミュニケイションを、覚えている。応対してもらった一瞬の、あるいは交流した短い時間のなかで、わたしにしてくれたあらゆる振る舞いの生き生きとした余韻を、心に大切にしまっている。人々と共有された熱意のなか、超越性に向かって唱えられる祈りの言葉、地と天との崇高なシンフォニーについて、さらによく考えてみる。今回の素晴らしい一連の叙事詩に力をもらったわたしは、自分のなかに、「日常の国」の沿岸に心静かに戻っていくための、新しい生のはずみを感じている。平穏、限りない自信、そして感謝の思い。それがわたしの船の偉大なる船長たちだ。

島と島を結ぶさまざまな橋を見ていると、まるでこう告げられているような気がした。——すべてはつながっていて、何も切り離されてはいない。冒険《アヴァンチュール》は続けられる。すべてはかけ橋であり、そして我々は、渡し、運ぶ者《パスール》なのだ、と。

本州島、その和歌山港に着く。そこから電車で和歌山市駅まで行き、乗り換えて和歌山駅まで。また乗り換えて橋本駅まで行き、そこでさらに電車を乗り換え、狭い谷間を抜けて極楽橋《ごくらくばし》駅に着く。そこからは、深い森の見事な大自然のなかを、標高およそ900メートルにある高野山駅まで登る目がくらむほどのロープウェイ。最後は高野山駅前から出るバス。

高野山は、空海に蓮の花の八つの花弁、胎蔵《たいぞう》(界)曼荼羅の中心部(中台八葉院《ちゅうだいはちようういん》)を想起させた、八つの山に囲まれた場所だ。日本における仏教の主要ないち宗派である真言宗。そのなかのひとつの宗派、高野山真言宗の総本山をはじめ、〈仏〉の智慧を悟るための修道場が多数集まった聖地である。毎年多数の巡礼者が訪れる山内の寺院の数は110を超え、千人を超える僧侶が修行している。

8月22～26日　高野山、熱烈なる静けさ

わたしがお世話になるのは、四国第一番札所の霊山寺《りょうぜんじ》の女性書家が予約してくれた、無量光院《むりょうこういん》というお寺の宿坊だ。応対がこの上なく温かい。お香のかぐわしさが来た者を瞬時に魅了するこの場所には、ただ静けさがしみ渡っている。わたしの部屋は、見事な装飾のふすまで仕切られているが、その空間を仕切る引き戸の図柄は、遠い昔にここに滞在した偉大なる匠によって描か

れたものだという。白い鶴、花と軽やかな枝々が目を楽しませる。岩と砂の庭、洗練された無機物の宗教が、ひょろっと細長い木々に囲まれている。「魅惑的日本」の典型的イメージそのものの眺めが、わたしを遥かいにしえのときに遊ばせる。

仏教の教えに従い、僧侶たちによって伝わった伝統的な精進料理は、植物由来の素材から細心の注意を払って作られたもので、風味、質感や香りの探求において秀でている。料理を載せたお膳が直接部屋に運ばれるが、それはあらゆる意味で芸術作品だ。色彩の美しさ、ほんのりとしたよい香り、そして繊細な味わい。バックグラウンドミュージック代わりに、新前僧侶たちが小声で陽気に話す声が、彼らの学び部屋とわたしの部屋とを区切っている薄いふすま越しに聞こえてくる。

魔法が自発的に効力を現す場所というものがある。

起床して、朝のお勤め。お堂では、ロウソクのほのかな光が揺れ動いている。その薄暗さのなかに見覚えのあるシルエットが現れた。

「オー、マリアンヌ、オリヴィエにジエン、来てたの⁉　みんなにまた会えてうれしいわ！」

「えっ、マリー＝エディット？　マジで⁉」

高野山には52も宿坊があるなかで、ここで再会するという素敵な偶然。大師さまのお計らい！

黄土色の僧衣をまとい、頭を剃った僧侶たちが、魅力的なマントラを輪唱《カノン》で朗唱し始める。わたしたちは、火の儀式（護摩《ごま》修法）を司る僧侶のまわりに半円になって座る。彼は炉のなかで木を燃やし、その上に樅《もみ》の小さな薪を放って火を煽る。そうして有害な考えや欲望を焼却するこの修法には、人を浄化する力があるのだという。

昨夜の夕食同様、美しい彩りに富んだ朝食をいただいたあと、わたしたちは、高野山へ来た大切な目的を果たしに行く。親愛なる弘法大師へ四国巡礼の結願を伝え、お礼をしに行くのだ。そして、納経帳に最後のご朱印《カリグラフ》をいただく。それも他ならない奥の院――空海の霊廟（御廟）がある聖地――の、である。わたしたちは御廟に通じる石畳の道をゆくが、その約2キロメートルに及ぶ参道の両側には、各時代のあらゆる人々の20万を超える墓石や供養塔があり、それらが高野山を日本一の霊場たらしめている。そして御廟では、空海の肉体は今も生きたまま瞑想の姿勢を保っていて、未来の仏陀である弥勒菩薩の降臨を待っていると信じられている。それで、瞑想を続ける弘法大師のために、今も日課として毎日食事が運ばれているのだ。そして、弥勒菩薩が現れたときに空海も瞑想を終え、今はそれぞれの墓所で休んでいるすべての霊魂を救うのだと言われている。

樹齢千年に及ぶ老杉の木立を透く微光のなか、独特の並びで配置されているその無数の石造りの慰霊碑の上に薄いもやが降りてくる。すべてが静かなる観想を促す。この場所の霊気《エスプリ》は、地球的であると同時に天上的でもあるその存在の気配によって、この場所の統率者として君臨している。目の前の生き生きとした参道を進むにつれ、聖なるものへの思いが増していく。墓石が我々に物語を聞かせる。時間は、816年、空海が真言密教の修行道場とするためにここに来たときから止まっているみたいだ。

参道を進むにつれて、静けさが深くなっていく。燈籠堂《とうろうどう》――そこにはたくさんの燈籠が奉納されていて、そのうちの二つの火は900年以上燃え続けているそうだ――のシルエットが木々の間から見えてくると、燃える心に接近しているのだと感じる。その少し先、熱い感動とともに、ついに、わたしたちの歩みの「同行の人」の永遠の住居に到着する。その聖堂は、おごそかであると同時に内省的な雰囲気に包まれていた。人々の熱意のこもった祈りと、無窮《むきゅう》の平静が溶け合っている。わたしは長い時間ひとりで、この場所の醸す傑出した詩趣を注意深く感じ取る。それからロウソク、線香、数枚の硬貨をいつものように奉納した――わたしに、自分の存在の崇高なる部分を探査するよう促し、来る日も来る日も、この錬金術的な変化の道程で指針を与えてくれた魂の師《マスター》への、この上ない感謝の気持ちとともに。この場所は、わたしの心に深遠なる安らぎを生じさせる。わたしは**天**にそっと触れる。**光**に親しみを持って話しかける。

高野山で過ごした数日間は、明鏡止水の心境にあった。ゆっくりと流れる時間と釣り合うように、ある力が心に浸透し、煎じられ続けた。いくつもの儀式を体験し、仏教の教えを受けた。僧侶の方々とともに瞑想した。その座っている時間、意識は一層の充実感に向かって広がっていく。

わたしは写経も体験してみた。この行《アート》ないは、筆と墨で般若心経の漢字を書いていくものだ。頭のなかが黙りこくり、「今、この瞬間」に没入するピュアな時間。さらにわたしは、高野山真言宗の総本山となる寺院、金剛峯寺《こんごうぶじ》もゆっくり訪ねた。その広大な石庭、それから壇上伽藍《だんじょうがらん》と呼ばれる塔やお堂の集まっている場所。その壇上伽藍の大塔は、ここを取り巻く八つの山で形作られる曼荼羅の蓮の花の中心なのだ。

わたしは、再びリュックサックを背負い、少し時間をとってこの周囲の山々を歩いてみようとも計画していた。しかし、雨が絶え間なく降っていることと、この付近には熊が出るという警告の貼り紙も多数貼ってあったことから、その計画は取りやめて大阪に行くことに決めた。

出発の日、わたしは裸足でお堂のすべすべした階段に腰を下ろし、物思いにふけり、湿った空気のなかにお香の煙と、ワニス塗装の木の匂い、そして自然界の芳香とが接し合うのを楽しんでいた。夏の雨が高野山に降っている。その柔らかいメロディーを聴く、つつましい楽しみ。雨粒はお堂のひさしに当たって優しい音を立てている。この穏やかな大気のなかを、脱脂綿をすじ状に裂いたようなもやが漂っている。物影が霞み、次いでそのヴェールが晴れる。樹齢千年の木々のシルエットが、その半透明の波間に現れては消える。気品《グレイス》に満ちたひととき。ある絶頂感がわたしを満たす。わたしは、いる。わたしは、呼吸している。**生命**を称える紛れもない呪文。わたしはただ、自分のなかで、そして自分のまわりで「生きられているもの」の声に従う。そのすべてがゴールドで飾られている。

ここまでにいくつかの言葉を交わす機会があった、元は東京のビジネスマンだったというひとりの僧侶がこちらにやってきて、わたしの隣に座った。まさに心の気高さのアイコンのように見える人だ。彼はもう4年間、高野山にいるのだという。

「Four years, Olympic Games！(4年、オリンピック！)」と言って、彼は大きく笑う。

彼の輝くまなざし、その物腰の気品、微笑みの美しさ、そうしたすべてから、心の善良さがにじみ出る。無条件の愛と、根源的な陽気さが、彼の存在の全体から放たれている。輝くばかりの存在感を、天使の装飾のように、内面の王国を治めている証の光る王冠のように身につけている。わたしたちは、沈黙が織り上げる紛れもない「存在《プレゼンス》」を、同じ呼吸のなかで共有する。永遠の断片。彼がひざまずき、わたしの足のほうに向かってひれ伏して一礼した、その麗しく崇高で丁重な動作が胸を打つ。わたしに静かな力がしみ渡った。わたしたちはそこで別れた。

8月26〜28日　大阪、震える街

雑踏の喧騒に揉まれ、大阪のあわただしい活気に潜り込み、わたしは再び匿名の観光客になる。もうここは、高野山の平静とは正反対の巨大都市社会《メガロポリス》だ。急いで行き交う通行人たち、街のいたるところにアニメのキャラクター、電光サインの洪水、騒々しい音の世界——そこでは宣伝カーの類いと、パチンコ屋やゲームセンターの電子騒音がデシベル値を競い合っている。この〈都会的な、あまりに都会的な〉環境で、わたしの両脚は好き勝手に動き回る。この道からあの道へ、わたしはそぞろ歩く。気ままな散歩。

スピリチュアルな水に潜り、ゆっくりと自分にそれが浸透していく時間を過ごしてきたわたしにとっては、今の状況が、段階的に減圧して水面への再浮上を試みるプロセスなのだ。いつものパリの現実生活に戻り着く前に、運河の水門と水門の間を移行するための水量調整室にいるような。

遍路の白衣を着ないでこんな状況下に置かれると、自分がむき出しにされたかのような奇妙な思いにとらわれる。発育するにつれて、より自分にぴったり合う別の巻貝の殻を手に入れるために古い殻を捨てるヤドカリが、その移行期の間は傷つきやすくもろいのと同じように。四国の道では、わたしはいつも度量の大きい愛情に支えられていると感じていた。そして今、この匿名性に支配された大都会を、両手にあの二本の忠実な杖のありがたい存在もなく歩いている。白状するけれど、わたしは、孤独というものをこのときはっきりと理解した。

高野山で過ごした数日間が、わたしのこの日本における巡礼の旅の終わりだったのだと心の底から感じる。当初はこの旅を続けて、よりオーソドックスな観光――京都の寺院を巡るとか、東京の人の波に溺れてみるとか、あるいは富士山に登ってみるなど――も構想に入れていた。でも、体験したもののあの強烈さのあとでは、マス・ツーリズム向けの場所に行きたい気持ちはゼロになった。わたしはそれで結局、フランスへの帰国を二日繰り上げることに決める。わたしの日常性の錠前に鍵を差し込んで回し、そのドアを開けるときがきた、そう考えたのだ。

わたしも毎日飲んできた、この国に欠かせない飲み物であるお茶について思う。お茶の葉を煎じる時間の長さは、その味に対して当然影響がある、注意深く守られるべきものだ。時間が短過ぎる場合、魔法の効力は現れない。時間が長過ぎる場合は、苦味が勝って台無しになる。そんなお茶の葉のように、わたしはこの遠い国の道のりでしだいに煎じられていった。わたしは、水に縁取られたこの国の現実に浸り、それを自分にしみ込ませた。そして今、この特異な経験の繊細なる味わいを発散して、そのアロマを楽しむために、水面に浮き上がるときがきたのだ。

マコトと再会し、彼の恋人とも知り合うことができたのがうれしかった。彼女はうっとりするほど素敵な女性だった。わたしたちは大阪の名物であるお好み焼き――クレープとオムレツとピザの中間にあるような料理――を囲んで楽しい夕食を共にした。極東の日出ずる国、その旅の有終の美を飾る、親しみと温かみに満ちた夕べ。

わたしのなかにも新しい日が出ずる。ヨーロッパで、真新しい日の夜が明ける気配がする。

17 天空の鍵《かなめいし》

まばゆい光が地平線を指し示している。わたしは、パリの自分のアパルトマンにたどり着き、その戸口にいる。ドアの鍵穴のなかで、鍵を回す。慌てないし、急がない。懐かしさもなく、メランコリーもない。心の奥底から静かに澄みわたっている。そして、生きている強度の自覚。すべてが始まるのは、「今、ここ」だ。わたしは何よりも夢中になれる新しい道の出発点にいる。毎日を十全に生きるという道。毎日の新しい夜明けを、再生、生誕として生きる、という道。

コンポステーラの巡礼から、自分の慣れ親しんだ世界——壁に囲まれた窮屈な空間と、アスファルトの歩道の反復移動——へ帰ってきたときは心が不安定だった。けれど、今回のパリへの着陸はとても穏やかだ。わたしは、また別の自覚に支えられているからだ。天国、それは「今、ここ」にある！　ここ、つまりわたしのいる場所に、何かに譲歩することなく、目いっぱい体験されるに値する毎日の大冒険が繰り広げられている場所に。

わたしの鍵は、現実の、ひとつの新しい次元の扉を開けた。毎日唱えていい、アリ・ババの〈開け、ごま〉。歩くリズムに合わせて拾い集めたものが花開き、まわりのすべてが濃密さを増し、日々のロンドを踊る優美なバレエのなかで生きる素晴らしさ！

マインドフルネスに生きる

わたしは、もうモノトーンではない新しい領土《テリトリー》に侵入する。そこに行けば、わたしの日常は新しさで飾られている。できる限り、最大限に意識的にいるということなのだ。自分がその現在性をしっかり把握している時間と空間に対して、自分が開いていること。そしてこの永遠の現在にいるならば、そこに入る鍵なんてまるで必要ないのだ。

そこに存在しなさい！　それが秘訣。それ以外にないのです。自己嫌悪を覚える無気力状態から、半ば眠っている状態から、他人のことについて際限なくぐちぐち言っている状態から抜け出すのに、結局、「今、ここ」に生まれる以外の道はないのです。（クリスティアヌ・サンジエ）［原註54］

もしかして、〈帰る〉が〈出発する〉よりもさらに美しい言葉だったのだろうか？　わたしが地球の東の果てまで道を歩きに行かなくてはならなかったのは、「自分の家」に帰るためだったのかもしれない。わたしは自分で日本の地を踏む自分が見たかったということ以上に、おそらく、ただ単純に、「今、ここ」にいる自分を見出そうとしていたのだと思う。わたしは、よりよく「ここを見る」ために「他の場所を見た」のだ。自分を逃れるでも、気晴らしをするでもなく、自分を考え、自分を知るために。結論として、わたしが切実に求めてきた絶頂感と無限の広がりを見つけたのは、他の何処でもない、自分の内にだった。

わたしは、日常生活に対する自分の冴えない考え方をお払い箱にした。自分の視界をふさいでいた目隠しを取り除き、世界をぼやけさせている近視矯正のための眼鏡を準備した。「うきうき」がルーティーンに取って代わった。「うっとり」が味気なさと置き換わった。わたしは、一瞬一瞬を迎えに行く——最愛の人を出迎える、恋する女の気分で。

クリスティアン・ボバン曰く、〈永遠の命とは、我々の眠そうなぼんやりした状態から救い出された普通の命である〉［原註55］。自分の時間を生きていなかったり、自分の未開墾地を放ってどこかへ逃げてしまうような真似はもう嫌だ。日々の水面にぼんやり浮かんでいるのではなく、この瞬間の新鮮な水に陶酔して潜ること。今《プレゼント》に対して金輪際、敬意を欠くことなく、熱意を持って「います《プレゼント》！」と答え、情熱を持って「生きてます！」と言い返すこと。「存在すること」の味を、集中して楽しむこと。〈さあ、魂は将来を見つめることも、過去を振り返ることもない。現在のみが、我らが幸福〉（ゲーテ）［原註56］。

わたしがこうした考え方を意識したのは、マインドフルネス瞑想の研修を受けていた期間であり、また、ヴェトナムの有名な僧侶ティク・ナット・ハンによる《ヴィラージュ・デ・プリュニエ》［訳註：フランス南西部、ボルドー近郊にあるマインドフルネス・プラクティス・センター］で教育を受けたことにもよるし、また、カルルフリト・デュルクハイムを発見したことにもよる。しかし、わたしの持っていたその意識は、ここで一新された。

生きている者の光は、日常の暗がりに対して優位に立った。わたしは何処かよその場所の蜃気楼を、自分のしあわせの条件のひとつにすることはもう止めた。人生を仮定法で語らないようにした。自分が物理的にいる場所に存在し、自分が起こしたそれぞれの動作のなかにとどまり、一歩一歩を、一回一回の呼吸を感知する。それぞれの瞬間の花蜜《ネクター》を味わう。そうしたことは、世界各地の偉大なる師たちによって昔から伝えられてきた英知にたどり着く――幸福への通路の鍵は、わたしたちが「完全に存在する能力」のなかにある。

> すべてのことを、成し遂げなくてはならないだろう。最もありふれたことさえも、いや、特に最もありふれたこと――扉を開けること、手紙を書くこと、手を差し出すこと――こそ、最大限の入念さと、最も鋭い注意を払いながら。まるで、世界の運命と星々の運行がそれしだいであるかのように。そして、それに、世界の運命と星々の運行は、本当にそれしだいなのだ。（クリスティアン・ボバン）［原註57］

特別なことは日常のなかにある。思考や概念、規範や価値観の枠組《パラダイム》みの変換。毎日が奇跡であることの、優れて活気のある意識に支えられた、新しい内的エコロジーの誕生。そのとき、日常は、手かせ足かせをはめられた日々を生きるものでは、もう、なくなる。それは道なのだ。

日常の見えないものを見る

今回の家のドアの前で起きた件で、静かなる確信を持った——人間の生活のあらゆる活動の場面で、超越性は音も立てずに作用しては、聖なるしるしを残している。わたしにはそれが見えないけれど。以降わたしは、事実から目を背けるという態度の向こう側にまわり、不思議な出来事を深いところでとらえる感覚で世界を見ている。わたしは形・実体の世界《マテリアル・ワールド》に霊性《スピリチュアリティー》がにじむ様子に目を凝らそうと思う。物質、実体をスピリチュアルな目で眺めてみること。目に見えるものを、目に見えないものに向かって開いている入口であるかのように眺めること。わたしにとって、こうしたことがほんの些細な行動に対しても意味と一貫性を与え、そこに「とろみ」をつけることになる。そして信者に、敬虔なる実践者になるのだ、日常生活の！〈あなたの日常生活が、あなたの寺院・聖堂であり、あなたの宗教だ。あなたがそこに入るとき、あなたの存在のすべてを占有せよ〉[原註58]と、ハリール・ジブラーンがわたしたちに促している。デュルクハイムはこう言った。〈小さな存在のなかに、**大いなる人生**を示し、それを実現することを学ぶこと〉[原註59]。

以前は見えていなかったものに目覚めた、新しい視線に対する驚き。〈我々のまなざしのために光が足りないのではなく、我々のまなざしに光が足りないのだ〉（ギュスターヴ・ティボン）［原註60］。クリスティアヌ・サンジェが、聖書（第二正典）に出てくる人物で、息子のおかげで失明から回復したトビトについてこんなふうに書いていたのと同じだ。〈彼を「盲目的」にしていた、一点に凝り固まった視野を捨て、驚嘆できる視線を取り戻すことで、彼は再び完全になります。世界の真の姿と、その隠された側面との、両方の目撃者になるのです〉［原註61］。

そして超越性——その無数の呼び名のどれを心に抱こうと、また、そこにいかなるアイデンティティーを結びつけようとも問題ではない——との感応に向かうこと。そして自分が、その自分よりも大きなものの「住まい」に、その**光**の聖杯《チャリス》になること。

〈本当の旅とは、新しい風景を探し求めることではなく、新しい目を得ることです〉（マルセル・プルースト）［原註62］。あるがままの事実《マティエール》のその先に、不可視のものを把握し、手で触れられないものを感じ取ろうとする。そう考えると眩暈《めまい》がしそうだ。でも、それが、自分のまた他の「存在」の仕方を生むのではないだろうか。

この世界に存在することに対する新しい姿勢をとる

わたしのまわりの世界は変化していないけれど、わたしがその上に新しい視座を置く。わたしの東洋からの帰国は、西洋への亡命とは事情が違う。わたしは、祖国を離れていた者が故郷に戻るときのよろこびを心から感じる。それは愛国的な意味においてではなくて、その親密な土地に対する思いだ。わたしはひとつの島を発見しに出かけ、そして知らずにいた——自分が、地球よりも遥かに広大な、自分の内にある陸地に出会うことになることを……。

当然の結果として、わたしが長年愛してきたランボーの詩句、〈人生を変える〉［原註63］が、自分のなかでまったく別の響きを持つようになった。この崇高な言葉からわたしはつい最近まで、理想を外側の世界に求め、逃げ道を遥か遠くの国に見つけることばかり考えていた。今日その言葉は、視線を内面に向け、自分のなかに新しい心構えを築き上げるようわたしに勧めるのだ。〈あなたがこの世界で見たい変化にあなたがなりなさい〉とガンジーが説いていた。わたしはエティ・ヒレスムのこんな豊かな言葉のことも考える。〈まず我々自身の内を正さずして、外の世界にあるものの何も正せないでしょう〉［原註64］。地球はさまざまな問題に覆われていて、そしてわたしたちは全員、人類に関する責任がある。そこでわたしたちがまずやるべきは、自身のなかに平和を打ち立てること。創造性を発揮するために、内側を変え始めようと思う。

わたしの日常が濃密な時間のなかになかったのではなく、わたしが現実に対して敬意を欠いていたのだ。こうむるのではなく、受け取る姿勢。夢想にふける観客でも、退屈した消費者でもなく、自分たちの世界に責任のある当事者《アクター》という意識。

わたしたちは、この惑星に自分たちが存在していることが奇跡の領域にあるのだということを、たいていの場合忘れている！　我々はみんな一生分の可能性《ポテンシャル》を預かった人であり、自分たちの実現に対する責任があるだろう。それぞれが、幸福のさまざまな兆しに対して――それがどんなに微細なものであっても、日常が変態するために――オープンな姿勢をとるときなのだ。〈いかに貧しかろうと惨めだろうと、毎日幸福から提案を受けない人間の宿命などない。幸福に達するのに、自分自身以外の何も、必要ではない〉（ジャン・ジオノ）［原註65］。

わたしは、〈世界が始まる朝のように、ものごとを再びフレッシュに感じ取る陶酔感〉（フランソワ・チェン）［原註66］というものが、今、はっきりと分かる。見知らぬ国や地方への新しい旅のような毎日。〈我々にある、人生の栄誉を称えるための唯一のしかるべき方法は、明日を予期することなく、毎日、思い切って新しく生きること――新しい日を唯一の日にしようとすること！〉（クリスティアヌ・サンジエ）［原註67］。わたしたちの世界の魔法使いになるのは、他ならないわたしたちだ。何もあらかじめ決まってはいないし、すべては贈り物。わたしの存在の真ん中がどきどきする。だからといって、理想化された世界を計画するとか、現実を美化しようとかいうことでは少しもない。単に目の前の生き方を、明晰さを持って見るだけであり、目に見えないものにも目を向けた新しい意識のなかにすべてを受け入れるだけだ。

そしてたとえ、今後もわたしの心が世界各地から聞こえてくる呼び声に強く刺激されるとしても、他の場所に対する例の差し迫った願望を抱くことはもうない。世界の隅々でわたしが激しく探してきた**生きている人間**はすでに、わたしの家の戸口に、わたしの日常の鍵が使われるその場所にいるのだし。

わたしは何処に冒険《アヴァンチュール》を、激しく熱くなって探しに行ってたんだろう？　わたしは何処に**生命**の震えるような興奮を探しに行ってたんだろう？　全部、すでにここにあったのに。

> 旅から得られる解放感についてかい？　わたしはそれを、リスボンから中国へ行くときより、リスボンからベンフィカに行くときに一層激しく感じるかもしれないね〔訳註：ベンフィカはリスボン市内の地区。フェルナンド・ペソアは地元リスボン市内の電車やバスなどによる短い移動を語っている〕。要するに、もしそれがわたし自身のなかに存在していなかったら、どこに行ったって解放なんかされないんだよ。（フェルナンド・ペソア）
> 〔原註68〕

今、わたしは自分の日常が好きになり、そして自分の今の生を常に渇望している。

世界を詩的にする

フリードリヒ・ヘルダーリンは、素晴らしいメモを書きつけていた、〈この地球に、詩的に住まわなくてはならない〉[原註69]と。リルケは、わたしたちの知覚にある、自分をにこやかにする能力を指し示しながらそのあとに続いた。〈もしあなたの日常が、内容が乏しいもののように思えるのなら、日常を責めてはいけない。自分が充分な詩人でないせいで、その豊かさを必然的に自分に呼び寄せていないことを自身で認めなさい〉[原註70]。

これは、叙情的な思考《エスプリ》のまわりくどさに由来する観念的な話ではない。詩的な趣というものは、日常のどんな取るに足りないものごとにもあるのに、あまりに忙し過ぎて急いで生きてしまい、しつこいルーティーンのせいでいつも眠ったような状態にあり、あるいはメンタル面のフィルターがあまりに目詰まりしてしまったわたしたちが、そのことにもう驚かなくなってしまっているのだ。

日常の雑多な試練の場から、詩情の芳香だけはこっそり、自由にどこまでも抜け出していける。夕暮れの公園の香気、夜明けのいわく言いがたい神秘、はじけるような笑い声、しぐさの洗練、無限の広がりに向かって立ち上がる野花、織物の玉虫色のきらめき、ブルーズのいくつかの音、ひと吹きの風に運ばれる鳥、碧空の青、焼きたてのパンの匂い、子供の瞳の輝き、暖炉で燃える火のメロディー、インク書きの文字で覆い尽くされた白いページ、窓台の上に、通りの角に……。それぞれの現実のものの細部が、金色の光輪で輝き得る。あらゆるものを貫いて、光が現れ得るのだ。つまり感嘆する無数の機会があるのであり、その「奇跡に招かれた自分」に自覚的で大よろこびしている人のために、この地球は、日常は、目いっぱい尽くしてくれるということなのだ！

感謝の念をはぐくむ

その強い感情が自分にしっかり根を下ろしたとすると、日々をないがしろに過ごすなんていうことはもうあり得ない。すべてが感謝の題材になる。といっても、まさかナイーヴな恍惚に溺れようというのではなくて、自分が陽気に暮らせるための根源《ソース》に、自分がなるための方式の話だ。

わたしには、毎日の感謝の時間（arigato time）の習慣が大切だ。わたしの人生に対する、この新しい姿勢を維持するために必要なのだ。**生命**に敬意と、謝意と、その奇跡に自分が参加しているという感嘆の気持ちを表すこと。唇に称賛の詩、心のなかは祝典《セレブレイション》。

18　通過儀礼《イニシエーション》の道、変化の鍵

日本での忘れられない今回の冒険は、わたしの精神的な旅程における決定的な一歩だった。それは、決して特殊な状況のなかで体験した一時的なものではなく、わたしにたいへんな影響を及ぼした、まさに自分のなかの激動だった。遍路道には、それはつらいことも残念なこともある。そうした数々の体験をするなかで、寺から次の寺へと向かうサインをたどりながら、進む方向と一貫性をより明確に手に入れたのはわたしの「存在」だ。

わたしは当初、自分が探しに来たものを、そして、自分がこの旅に身を投じた潜在理由を、自分自身で知らずにいた。でも、歩みを進めるうちに、わたしは自分の心の奥を大旅行していることに気づいた。〈あらゆる旅、すべての冒険は、内面の探査をともなう。我々のしていることと、思っていることは、壺の外側の曲線と同じ。一方が他方の形を作っているのだ〉（マルグリット・ユルスナール）［原註71］。

日出ずる国で、わたしは自分の魂の東洋に向かって歩いた――わたしの存在を照らし、導く光の昇る方向へ。導かれるまま、内なるコンパスはその光の源へ引き寄せられた。かつてのわたしを、人生の意義の喪失感に責めさいなんでいた闇を通り抜けた。古代文明の神々が、「一日の扉」の鍵を持っていて、扉を開けて夜明けを招き入れたように、新しい太陽がわたしのなかに昇ったのだ。ちなみにわたしの両親は、1979年の5月のある朝この世にやってきたわたしに素晴らしい日の出が付き添っていたせいで、わたしのほうを〈オロール（夜明け、あけぼの）〉と呼ぶことに躊躇したのだった。わたしの日本での冒険もまた、新しい夜明けに生まれる物語だ。一歩、そしてまた一歩と行くうちに、自分のなかに宿したものは育っていった。わたしの最初の誕生が母親の肉体から生じたとするなら、あの島国日本の、わたしを包み込む母胎のただ中で、**人生**のなかに再び生まれるよう招待されたのだ。ひとつの、できたばかりの、他者であると同時により深いところで自分自身である存在が、わたしのなかに出現した。夜が終わり、一日が始まる。新しい夜明け《ヌーヴェル・オロール》……。

自覚と覚醒を重ねながら、休みなく生まれ、再生することは、まさしく我々の妙なる任務なんじゃないのかしら？

連日へとへとになるまで歩いたこの旅は、単なる運動か、あるいはいっときのエキゾチックな気分転換にしかならなかった可能性もある。しかし遍路道を歩くことには、内的な旅、精神的成長のための肥沃な道が、力強く、快く、ともなっていた。わたしがそれまで漠然と感じていた、何かが欠けてぽっかり開いた穴。この道はそのなかにいたわたしに、一貫性と完全さに向けた紛れもない解放《カタルシス》を及ぼした。少しずつそれは、日を追うごとに多くの鍵を拾い集めながら進む、成長のための通過儀礼的《イニシアティック》なものになった。

　知らないうちに、わたしのなかで発酵が進んだ。ぶどうが圧搾機のなかで死の試練に遭い、次に樽のなかで非常に重要《ヴァイタル》な発酵のプロセスを経験したのち、ワインの新酒として再生するのと同じ要領で。さらには、製粉機で粉にされた小麦の穀粒が、その次に再生プロセスのなかで栄養に富む食べ物に変わるように。わたしの深いところで錬金術が働いた。わたしの存在の源泉の水路から、綺麗に砂が取り除かれた。今まで自分自身から亡命していた、あるいは小型の自分のなかで窮屈過ぎる思いをしていたわたしが、自分のなかの広大で一切の疑いのない世界にすみかを見つけた。遍路の杖はわたしを、わたしの存在の中央に導いた。信じられないような旅、魂の探検の旅！　数字〈8〉に無限大の象徴〈∞〉を刻み込んだ八十八霊場の道でわたしは、自分のなかの無限に触れた。この霊場の巡回《ロンド》を、わたしは時計回りに実施した――わたしの存在の崇高な核、その時間に針を合わせるように。八十八の寺院で、魂のひと回り……。〈肉体が動いているにもかかわらず、道を行くのは魂だ〉［原註72］と、ピエール＝イヴ・アルブレシュトが強調している。

　わたしはこの冒険から「無傷」で戻ったわけではない反面、以前よりもずっと生き生きしている。わたしは「ここにいること《プレゼンス》」を増大させ、自覚の領域を拡大した。ひとつの新しい生命力が、わたしを、一層の安らぎと調和と一貫性に向けて突き動かしている。わたしは、今まで以上に受肉した精神性《スピリチュアリティー》に支えられている。ここにいることと、存命中のひとりであることの、楽しい自覚。神秘の真っただ中にわたしの存在がある、その純粋なよろこび。わたしは、自分の存在の神聖なる《ディヴァイン》奇跡に感謝している。わたしのなかで、ひとつの大きな「肯定《ウィ》」が目を覚ました。ひとつの新しい力がわたしに宿る。わたしは、わたしを引っぱっていく**命**に微笑む……。果てしない感謝の念。

エピローグ《永遠の約束》

あなたは未知の世界に向かって出発しなくちゃならない。宿と衣類はそのためにあるんだ。
――ヘンリー・デイヴィッド・ソロー

抑えることのできない渇きを感じながら、わたしは日常の宝物の箱を開け、そして、実人生に対して抱いていた、色あせた観念の偶像を叩き壊した。以前とまったく同じものは、もう何もない。すべてが激しく、より生き生きとしている。輪舞《ロンド》は続く。橋が、〈ここ〉と〈よそ〉の間に架けられる。日常と絶対的なものとの間に、目に見えないつながりが結ばれる。日々の生活は、それだけでひとつの旅。毎日は、それだけでひとつの目的地で、あらゆる可能性が置かれたフィールド。生きることとは、それ自身がひとつの冒険《アヴァンチュール》。**天国**は、鍵で開けられるところにある。

〈常に初心者《ビギナー》でいなさい〉（鈴木俊隆）［原註73］。四国の道で、わたしに目覚めの種がまかれたけれど、それが光のほうに向かって発育し続けるように面倒を見るのはわたしの役目だ。歩くリズムに合わせて拾い集めてきた変化への鍵を、わたしの日々の生活のなかで確実に使えるものにするのはわたし。新しい夜明けがくるたびに、率直に、この世に「産まれ直す」のだ。わたしは常に歩き続けている。巡礼の旅は、いつなんどきでも続行中だ。絶えず前に進む。もうこれで充分、などということは決してないのだから。

わたしは、出来合いの真理を提示したいなどとは、決して思っていない。人生は最初から「鍵を手にした」プログラムではないし、それぞれの人に固有の道があり、それをゆくために出発するのだ。それでもわたしは、わたしたちすべての人が、今生きているということと、この世界の素晴らしさに関与していることの奇跡《ミラクル》の、目の冴えた証人でいられることを心から願う。〈よろこびは、新世界の空気〉（『天使との対話』）〔原註74〕。めいめいが、目に見えないものの「運び屋《パスール》」でいよう。熱狂的な**人生**の「運び屋《パスール》」として、よろこびを伝染させよう！　そして、すべての人が同時にあらゆる場所のどんな一部の人々の**生命**であっても真剣に気を配り、生きる者への震えるような賛歌にみんなが一緒に声を合わせられることを！

明日のページは真っ白だ……。初めての始まり《ビギニング》のような一分一分。瞬間から瞬間へ、永遠から永遠へ、〈始まり《ビギニング》から始まり《ビギニング》へ、決して終わりのない始まり《ビギニング》に向かって〉（ニュッサのグレゴリオス）〔原註75〕。

日本語版によせて

旅への欲求は、不意をついて襲ってきます。毎日、決まった同じ場所に通い、同じ場所に閉じこもる生活を送っているうちに生まれた、もやもやとした願望や不満のカオスに、それは予告なく訴えかけてきます。そして、新しい地平線を見たいという思いを、ある日、抑えることができなくなっている自分。旅の道筋が、自分が好きなように歩き回れるユートピアが、遠くから呼んでいる。ここを抜け出したいという感情、冒険の神秘的な誘惑。神聖なるものへのあこがれ。

四国八十八ヶ所の霊場をめぐる道は、ある夏の日、わたしをとりこにしました。それは、人生の大切な教訓を教えてくれる昔話を夢中で読んでいる時間のようでした。そしてこんにち、四国は、地図上にたくさん浮かぶ島々の中で、わたしにとって他とはまったく違う意味を持つ場所です。その島はわたしの心を打ちました。四国はわたしの目に、自分らしく生きるための通過儀礼の行程、そのアイコンのように映っています。自分の内的な基礎工事、心の奥深くを変化させること、それらを体現する場所なのです。わたしはそこで「目覚め」の萌芽を見つけました。それは、道があり、寺院があり、人々との出会いに満ちたとても尊い地で見つけた宝物です。

自分が、「この世界に〈いる〉こと」。わたしはまさに直感的なその状態の中に侵入しました。よろこびの鍵を、決して閉まることのない自分の広大な居場所を見つけ出すために、いろいろな問題やら予定やらでいっぱいになっていた頭の中をからっぽにしました。そこでは、心配ごとは消え去り、不安は収まり、迷いはなくなります。そしてただ、目の前に「今」と「ここ」が開け、心静かに現実を迎えることができるようになる。そんな明らかな真実が現れるのです。

ひとつの旅行体験が、自分の心の中でどんな地位を占めているか、あるいは、それが自分の心の底をどれだけ耕し、豊かにしたか。もし旅行の重要性がそれらの点にあるのなら、四国の巡礼の旅は、間違いなくわたしのこの先の生涯を形作ったと言っていい価値を持っています。あの島でわたしに本当に大切なことを教えてくれたものに対する感謝の気持ちでいっぱいなのです。わたしの、これまでの旅の思い出は、それぞれに心に刻み込まれています。しかし今回のお遍路の旅は、今後も例外的な体験であり続けるでしょう。また、歩みを進める中で出会ったその美しい風景、遠い国ならではの物珍しさ、素晴らしい人々、それらの思い出に彩られた、実に重要な冒険であり続けるでしょう。

聖なる道は、わたしたちを成長に、目覚めに誘い、新しい「生きる芸術」を発揮するよう促します。パリに帰ったあとも、わたしはまだその道にいます。日本での冒険は、その秘めたる活気でわたしの存在の内面を明るく照らし続けています。それ以来、わたしのパリの日常の一歩一歩が新しい扉を開くものなのです。それらが、わたしの生きるこの世界にもっと、さらなる強度で存在するためのアクセスキーであるかのように。この一歩、一瞬に例外はありません。そうして人生のシンプルなものごとを興味深く見てみると、毎日はたくさんの驚き、感動や出会いに満ちている。遍路道でそうしたように、この今の瞬間と仲よくし、どんなちっぽけな、取るに足りないことでも、それを凄いパワーを秘めたしあわせの貯蔵庫のように楽しみ、味わうことができる。毎分を、二度と繰り返されない奇跡としてもてなすのです。

人は自分の旅を語ることで、その人に宿り、その人を支えているまだ充分に鮮明な思い出を、他の人々と共有するよろこびを得られます。強い振動と満ちあふれる甘美さが渦巻く大きな渦潮。そこでは、あなたの頬を蝶がそっと微かにかすめるようなデリケートさと、獲物を狙うライオンの猛々しさとが紙一重で隣り合っているでしょう。

記憶によみがえってくる夢のように美しい光景。そのときの感覚が呼び起こされ、夢中になりながら、わたしはこの旅行記を書きました。この本のそれぞれのページには、心の声と、迷いと、驚嘆と、先人たちの名言の数々と、人生の一瞬一瞬と結びついた一歩一歩の歩みと、陽気な輝きと、スピリチュアルな芳香と、空気のように軽い心の跳躍と、たくさんの歓喜とが、わたしがこの目で見た八十八の寺院をめぐる道に沿って、代わる代わる綴られています。

このお遍路の旅は多くの人々とのつながりの中で実現したものであり、わたしはその日本の人たちへの限りない感謝の気持ちを、どうしてもここで表したいと思います。

まず誰よりも最初に、サンティアゴ・デ・コンポステーラの巡礼中にスペインで出会ったひとりの日本人巡礼者に感謝の気持ちを伝えたい。彼がこの冒険の種をまいてくれたのですから。あのときまだ、この地球の裏側の島についてまったく何も知らなかったわたしにとっての渡し守《パスール》になってくれてありがとう。

心の底からの感謝の気持ちを、四国遍路文化を支援するNPO法人《遍路とおもてなしのネットワーク》へ。とりわけ、わたしの日本への最初のコンタクトに応じてくださったソガワ・アヤさん。そしてシシド・ハルノリさん。彼との今も続く友好的結びつきに。そして最後に、わたしを迎え入れてくれたばかりか、わたしの天国の鍵をじかに手渡してくれたムッシュ・マツオカへ。巨大なメルシーをオザキ・ミエさんへ。四国での彼女の愛情のこもったサポートと、国境を越えて今も付き合ってくださっていることに。

わたしの感謝の気持ちを、同じく四国の各観光協会の方々へ。

この旅行記を熱意を込めて受け入れてくださった出版社イースト・プレスへ。特に編集担当者のコウラ・カズヒデさん、その配慮と親切に。

この日本語版のきっかけとなった翻訳者のスズキ・コウヤさんへ大きな感謝を。わたしにこんなプレゼントがあるなんて!

それから、日本で出会ったすべての人々へ。そしてわたしを歓迎してくださった、わたしのために時間を割いてくださった、手を貸してくださった、寛大さを示してくださったみなさんへ、親愛の情とともに感謝の気持ちを伝えたいです。みなさんのすべての「お接待」のご厚意にありがとう。心が心と出会った瞬間、心は心へ話しかける。

わたしの前にこの四国の道を歩いた、すべての遍路のみなさんへも感謝を。彼らの祈りの熱意と光り輝くエネルギーが、遍路道にしっかりしみ込んでいました。

来る日も来る日もわたしの歩みを注意深く見守り、光が湧き出て育つ、わたしの魂の東洋へとわたしを導いてくださった空海さん、ありがとう。

そして、何度でも繰り返すけれど、命に、生きている奇跡にありがとう!

訳者あとがき

マリー＝エディット・ラヴァルは、2013年夏の日本での体験をまとめたこの原書を、2015年の初夏にフランスで出版した。そのことを、ひょんなことから知った。

ぼくは夕食の支度をしながらインターネットでラジオのストリーミング放送を聴くのが習慣で、毎日パリの音楽局《ラディオ・ノヴァ》を流しっ放しにしている。その日、2015年7月31日は同局にアクセスが集中したせいかどうにも音が途切れるので、まったく何の気なしに普段聴かない《フランス・アンテル》のサイトに飛んでライヴ配信のボタンをクリックしてみた。するとそれが、二時間枠の旅行番組の後半、その日二人目のゲストだったマリー＝エディット・ラヴァルがちょうど「こんにちは」を言わんとしていた瞬間だった。本の出版に合わせて番組に呼ばれていたわけだ。ぼくはそのまま、お遍路や四国、空海について明るく陽気に話す彼女の話に一時間引き込まれた。番組を聴いていた台所のテーブルの上のマックブックで同時に書名を検索すると、その本のフェイスブックのページも存在している。この出演を日本でリアルタイムで聴いていた人間から反応があったらこの人はきっと面白がるだろうと思い、フェイスブック経由でメッセージを送った。ラジオの話で本に興味を持ちました。読んでみますね、と。文明の利器はまことに素晴らしい。たったそれだけのことがきっかけで、その一年後、こうして翻訳を出す運びになった。

本書の原題は『Comme une feuille de thé à Shikoku』(四国でお茶の葉のように)。そこに〈Sur les chemins sacrés du Japon(日本の聖なる道のりにて)〉という副題がついている。著者が自分を茶葉に見立てたその比喩は、〈アンフュジオン〉という言葉と対になって成立している。日本でアンフュジオンといえば、もっぱらハーブ・ティーのような、熱湯などに浸したり煮出したりして成分を抽出した結果のみを指すが、語源であるラテン語〈infusio〉は、注ぐ／注入する、浸す／しみこませる、放つ／発散する／広める、というすべてのアクションを含意している。キリスト教の洗礼の灌水《かんすい》(水を頭上から注ぐ方式)のことを〈アンフュジオン〉と呼ぶことからも分かるが、注ぎ込む行為がすでに〈アンフュジオン〉なのだ(接頭辞の〈in〉は「中へ」を意味している)。

つまりマリー＝エディットは、日本の聖なる道のりを歩きながら自分の中に素晴らしい何かが注入され、吹き込まれ、しみ込み、しみわたり、その「成分」が満ちあふれて自分の日常に広がり、その「景色」を一変させた全行程を、「お茶の葉のように」という言葉に比喩的に集約したのだ。この、ひと言の日本語には置き換えにくい〈アンフュジオン〉の概念が味わい深いのは、アウトプット、成果偏重ではない、インプットの重要性——言うなれば、どんなに茶葉が良質でも、そこに注がれる水が悪ければおいしいお茶は出ない、という真理に思い至らせるところだ。ならば自分に何をインプットするか、何をしみ込ませるのかというのは、目の前の現実を、そして、次から次へと出くわす「ひょんなこと」を自分で感じ、選び取り、そこに没入するインディペンデントで自律的な態度に他ならない。「今、ここ」に集中し、それを熱烈に生きるということの意味はそれだと思うのだ。

この本では、併せて〈マインドフルネス〉〈考えるな、感じろ！〉〈頭を心に降ろす〉といったシンボリックな言葉の数々が示唆するものも力強い。歩く身体の動きと音のラベリング（右足、左足、「タック」「カラン」）も、何も解説はされていないが、マインドフルネスの歩行瞑想を描写しているのだろう。そうして道中拾い集めた確信をマントラ的に何度となく繰り返しながら自分の「鍵」にしていく。さらに自分が宇宙の一部、運命共同体のいちメンバーであることを自覚し、目に見えないものとの友好的関係も確認しながら「自分」と「世界」を眺めるこのフランス人クリスチャンの視線は、「今、ここ」を介して曼荼羅と般若心経の「こころ」にアクセスしていく。その調和、融合、収斂に向かう思索の数々に、排他主義の羽音すらしない。

本書はフランスで熱烈に受け入れられ、著者は現在も講演会やサイン会で各地を飛び回っている。その好評は、高野山に訪れるフランス人旅行者が非常に多いという事実とも符合するように思う。異国の文化から学び、自分のそれとの調和を探し、その中で自分を見つめる行為には希望を感じるし、こちらも刺激を受ける。

この邦訳発売の半月後にはドイツ語版も出るとのこと。出版社のウェブサイトを見たら、どうやら書名はドイツ語で『四国の寺院』のようだ。タイトルにはお国柄が出るものだが、しかし、ドイツの出版社がそれで売れると踏んでいる事実も感慨深いところだ。

最後に。本書執筆時に参照された四国や高野山に関する外国の情報には不正確なものもあり、またマリー＝エディット本人が聴き慣れない日本人の名前、その他の固有名詞をアルファベットで書き起こしたものの中にも不自然に思えるものがいくつかあった。著者とも相談した上でできる限り正したつもりだが、それでも残ってしまった事実との間の「ゆらぎ」については、関係各位になにとぞご寛容のほどをお願いいたします。

２０１６年６月　鈴木孝弥

［原註55］ Christian Bobin, Un assassin blanc comme neige, Gallimard, 2011.
［原註56］ Johann Wolfgang von Goethe, Faust, Gallimard（≪ Bibliothèque de la Pléiade ≫), 1988.
［原註57］ Christian Bobin, L'Éloignement du monde, Gallimard, 2001.

日常の見えないものを見る

［原註58］ Khalil Gibran, Œuvres complètes, Robert Laffont, 2006.
［原註59］ Karlfried Graf Dürckheim, Le Japon et la culture du silence, Éditions Courrier du Livre, 1992.
［原註60］ Gustave Thibon, Notre regard qui manque à la lumière, Fayard, 1990.
［原註61］ Christiane Singer, Où cours-tu ? Ne sais-tu pas que le ciel est en toi ?, Albin Michel, 2003.
［原註62］ Marcel Proust, À la recherche du temps perdu, t. Ⅲ, La Prisonnière, Gallimard（≪ Bibliothèque de la Pléiade ≫), 1988.

この世界に存在することに対する新しい姿勢をとる

［原註63］ Arthur Rimbaud, Une saison en enfer, Gallimard（≪ Bibliothèque de la Pléiade ≫), 1972.
［原註64］ Etty Hillesum, Une vie bouleversée, Éditions du Seuil, 1995.
［原註65］ Jean Giono, La Chasse au bonheur, Gallimard, 1991.
［原註66］ François Cheng, Cinq méditations sur la beauté, Albin Michel, 2006.
［原註67］ Christiane Singer, Éloge du mariage, de l'engagement et autres folies, Albin Michel, 2000.
［原註68］ Fernando Pessoa, Le Livre de l'intranquillité, Bourgois, 1999.

世界を詩的にする

［原註69］ Friedrich Hölderlin, ≪ En bleu adorable ≫, Œuvres, Gallimard（≪ Bibliothèque de la Pléiade ≫), 1977.
［原註70］ Rainer Maria Rilke, Lettres à un jeune poète, Grasset, 1937.

18：通過儀礼《イニシエーション》の道、変化の鍵

［原註71］ Marguerite Yourcenar, Les Yeux ouverts, Le Centurion, 1980.
［原註72］ Annick de Souzenelle et Pierre-Yves Albrecht, L'Initiation. Ouvrir les portes de notre cité intérieure, Éditions du Relié, 2013.

エピローグ

［原註73］ Shunryu Suzuki, Esprit zen esprit neuf, Seuil, 1977.
［原註74］ Dialogues avec l'Ange, Aubier, 2007.
［原註75］ Grégoire de Nysse, La Colombe et la Ténèbre, Cerf, 1991.

12：生命の歌

8/9

[原註34] Tadasuke Tokunaga.

[原註35] Christian Bobin, L'Homme-joie, Éditions de l'Iconoclaste, 2012.

8/10

[原註36] Angelus Silesius, Le Pèlerin chérubinique, Aubier (≪ Classiques étrangers ≫), 1946.

[原註37] Hubert Reeves, Poussières d'étoiles, Seuil, 2008.

第4章《天国の鍵》

13：不思議の糸

8/12

[原註38] Nelson Mandela, Un long chemin vers la liberté, Fayard, 1995.

[原註39] Théophile Gautier, ≪ Lettre Ⅲ ≫, La Croix de Berny : roman steeplechase, Éditions Librairie Nouvelle, 1855.

[原註40] Nagarjuna, Stances du milieu par excellence, Gallimard, 2002.

[原註41] Novalis, Hymnes à la nuit, Gallimard, 1980.

[原註42] Christiane Singer, Derniers fragments d'un long voyage, Albin Michel, 2007.

8/13

[原註43] Natsume Sôseki, Haïkus, Éditions Philippe Picquier, 2001

[原註44] Saint Paul, Lettre aux Hébreux, 13, 2.

14：絶対的なものに対するおののき

8/15

[原註45] Victor Hugo, Les Contemplations, t. Ⅱ, Gallimard (≪ Bibliothèque de la Pléiade ≫), 1967.

[原註46] http://muchujin.jp

8/17

[原註47] Saint Matthieu, 16, 19.

15：無限の祝賀

8/19

[原註48] Xavier Grall, Les vents m'ont dit, Calligrammes, 1982.

[原註49] Paul Ricœur, Soi-même comme un autre, Seuil, 1990.

8/21

[原註50] Antoine de Saint-Exupéry, Citadelle, Gallimard, 1948.

[原註51] Extrait du Sutra du Cœur.

[原註52] Simone Weil, La Pesanteur et la Grâce, Plon, 1947.

[原註53] Ella Maillart, Archives, Genève, citée par Amandine Roche, Nomade sur la voie d'Ella Maillart, Payot, 2005.

第5章《常にもっと先へ、常にもっと高く》

16：わたしの歩みの向こうに

17：天空の鍵《かなめいし》

[原註54] Christiane Singer, Où cours-tu ? Ne sais-tu pas que le ciel est en toi ? , Albin Michel, 2001.

4：シンプルな歓喜

7/8

［原註22］Dialogues avec l'Ange, Aubier, 1976.

7/12

［原註23］Jules Renard, ≪ 6 septembre 1897 ≫, Journal, François Bernouard,1927.

7/13

［原註24］Jacques Lanzmann, Fou de la marche, Robert Laffont, 1985.

第２章《軽やかさの鍵》

5：自然の学舎《まなびや》で

7/15

［原註25］Charles Péguy, Victor-Marie, Comte Hugo, Gallimard (≪ Bibliothèque de la Pléiade ≫), 1957.

7/17

［原註26］Henri Michaux, ≪ Je suis gong ≫, La nuit remue, t. Ⅰ, Gallimard (≪ Bibliothèque de la Pléiade ≫), 1998.

6：進行中の人生

7：世界に目がくらむ

7/21

［原註27］Cesare Pavese, Le Métier de vivre, Gallimard, 1987.

7/22

［原註28］Henri Vincenot, Les Étoiles de Compostelle, Folio, 1987.

7/23

［原註29］Christian Bobin, L'Éloignement du monde, Lettres Vives, 1993.

［原註30］Victor Hugo, ≪ Pan ≫, Les Feuilles d'automne, t. Ⅰ, Gallimard (≪ Bibliothèque de la Pléiade ≫), 1964.

8：光《菩提》へ向かうタラップ

7/25

［原註31］Paul Claudel, ≪ La cloche ≫, Connaissance de l'Est, Gallimard (≪ Bibliothèque de la Pléiade ≫), 1957.

7/26

［原註32］Alphonse de Lamartine, ≪ Le lac ≫, Méditations poétiques, Gallimard (≪ Bibliothèque de la Pléiade ≫), 1963.

第３章《この地の鍵》

9：存在することの味わい

7/30

［原註33］Charles Baudelaire, ≪ Ébauche d'un épilogue pour la 2e édition ≫, Les Fleurs du Mal, t. Ⅰ, Gallimard (≪ Bibliothèque de la Pléiade ≫), 1975.

10：あるがままの道

11：英知の断片

◎原註

序文

[原註1] ウェブサイト:http://assoseuil.org

旅立ちの前奏曲《プレリュード》

[原註2] Eckhart Tolle, Le Pouvoir du moment présent, Ariane, 2000.
[原註3] Ella Maillart, Des monts Célestes aux Sables rouges, Payot, 2001.
[原註4] Isabelle Eberhardt, Écrits sur le sable, Grasset, 1989.
[原註5] Paul Gauguin, Lettres à sa femme et à ses amis, Grasset, 2003.
[原註6] Philippe Delerm, Les chemins nous inventent, Stock, 1997.
[原註7] Christian Bobin, Un assassin blanc comme neige, Gallimard, 2011.
[原註8] Anonyme, Récits d'un pèlerin russe, Seuil, 1999.
[原註9] Michel Jourdan et Jacques Vigne, Marcher, méditer, Albin Michel, 1998.

第1章《自由の鍵》

1:敷居の向こうに

[原註10] Milan Kundera, La vie est ailleurs, Gallimard, 1976.
[原註11] Gustave Flaubert, Par les champs et par les grèves, tome Ⅱ, Gallimard (≪ Bibliothèque de la Pléiade ≫), 2013.
[原註12] Émile Verhaeren, ≪ Le voyage ≫, Les Forces tumultueuses, La Différence, 1994.
[原註13] Saint-John Perse, Vents, Gallimard, 1968.

2:東洋の光

7/2

[原註14] Henry David Thoreau, Journal, Mercure de France, 2002.

7/3

[原註15] L'Ecclésiaste, 11, 9.
[原註16] Nicolas Bouvier, L'Usage du monde, Droz, 1963.

3:地面を踏みしめて

7/4

[原註17] Nicolas Bouvier, L'Usage du monde, Droz, 1963.

7/5

[原註18] Plotin, Ennéades, Les Belles Lettres, 1997.
[原註19] Blaise Cendrars, Du monde entier au cœur du monde, Gallimard, 2006.

7/6

[原註20] Charles Baudelaire, ≪ Le voyage ≫, Les Fleurs du Mal, t. Ⅰ, Gallimard (≪ Bibliothèque de la Pléiade ≫), 1975.

7/7

[原註21] Paul Nizan, Aden Arabie, Rieder, 1931.

［著者］
マリー＝エディット・ラヴァル（Marie-Édith Laval）
1979年生まれ。言語治療士。文学を学んだのち、言語療法（言語障害の改善、機能回復をはかるための治療法）、ソフロロジー（ストレス緩和、および心身や精神の安定と調和を得るための学問）の道に進む。また、子供や青少年にマインドフルネス瞑想も教えている。旅行家で、特に歩くことに情熱を燃やし、旅行記に造詣が深い。本書が初の著作。パリ在住。

［訳者］
鈴木孝弥（すずき・こうや）
1966年生まれ。音楽ライター、翻訳家。『ミュージック・マガジン』レゲエ・アルバム・レヴュワー。音楽や社会問題に関する編著訳書多数。近訳にマティルド・セレル『コンバ - オルタナティヴ・ライフスタイル・マニュアル』、ブリュノ・コストゥマル『だけど、誰がディジーのトランペットをひん曲げたんだ?――ジャズ・エピソード傑作選』など。

フランスからお遍路にきました。
2016年7月14日　第1刷発行

著者
マリー＝エディット・ラヴァル

訳者
鈴木孝弥

ブックデザイン
上村隆博（Salt</de>）

編集
高良和秀

発行人
北畠夏影

発行所
株式会社イースト・プレス
〒101-0051
東京都千代田区神田神保町2-4-7 久月神田ビル8階
電話：03-5213-4700
ファックス：03-5213-4701

印刷所
中央精版印刷株式会社

Printed in Japan
ISBN978-4-7816-1450-2